ЖK LOCCUMER PROTOKOLLE 03/08

Herausgeberin
Lidwina Meyer

D1730157

Brain Gain für alle?

Migration als Entwicklung: Praktische und politische Handlungserfordernisse

Lidwina Meyer (Hrsg.): Brain Gain für alle? Migration als Entwicklung: Praktische und politische Handlungserfordernisse, Rehburg-Loccum 2009.

Dokumentation einer Tagung der Evangelischen Akademie Loccum vom 28. bis 30. Januar 2008 in Kooperation mit der Arbeitsgruppe Entwicklung und Fachkräfte im Bereich der Migration und der Entwicklungszusammenarbeit (AGEF).
Tagungsplanung und -leitung: Dr. Lidwina Meyer
Redaktion: Dr. Lidwina Meyer
Sekretariat: Sonja Sinsch
Layout: Anne Sator

Das Loccumer Protokoll enthält Originalbeiträge der Tagung. Soweit diese auf Tonbandmitschnitten beruhen, wurden sie von den Autorinnen und Autoren überarbeitet und zur Veröffentlichung freigegeben.

Printed in Germany
Druck: GGP media on demand, Pößneck
ISSN 0177-1132
ISBN: 978-3-8172-0308-6

Die Reihe ☒ LOCCUMER PROTOKOLLE wird herausgegeben von der Evangelischen Akademie Loccum. Bezug über den Buchhandel oder direkt über:
Evangelische Akademie Loccum
Protokollstelle
Postfach 2158
31545 Rehburg-Loccum
Telefon: 05766/81-119, Telefax: 05766/81-900
E-Mail: Protokoll.eal@evlka.de

Inhalt

Inhalt

Die europäische Dimension: Brain Gain durch Blue Card?

Migration: Ein Entwicklungsimpuls für Herkunftsländer?

Arbeitsgruppen zu konkreten Fragen der Umsetzung

Kohärente Migrationspolitik – eine Fata Morgana?

Anhang

Lidwina Meyer

Brain Gain für alle?

Was nötig wäre, um Migration als Entwicklung von Herkunfts- und Zielländern zu nutzen

Ein möglicher, fruchtbarer Zusammenhang von Migrations- und Entwicklungspolitik wird erst seit einiger Zeit von der Fachöffentlichkeit diskutiert. Nicht nur der Fachkräftemangel in den Industrieländern, sondern auch die Rücküberweisungen (Remittances) von Migranten in ihre Herkunftsländer, welche die weltweiten Gesamtausgaben der Entwicklungshilfe übertreffen, bildeten die Ausgangspunkte dieser Debatten.

Migration als Entwicklung zu begreifen und dies nicht nur auf theoretischer Ebene zu tun, sondern sehr pragmatisch und konkret im Blick auf Handlungsfelder zu bearbeiten, war das Ziel einer Tagung, die in diesem Band dokumentiert wird. Die Idee wurde gemeinsam mit der AGEF gGmbh (Arbeitsgruppe Entwicklung und Fachkräfte) entwickelt und durchgeführt. Die AGEF ist seit 15 Jahren in der Förderung, Qualifikation und Begleitung von Fachkräften tätig, sowohl in den Herkunftsländern selbst als auch in der Bundesrepublik. Aufgrund der langjährigen Erfahrung wurde deutlich, dass entwicklungspolitische Perspektiven und z.B. Maßnahmen für rückkehrende Migranten besser koordiniert werden müssen. Grundlage dafür wäre allerdings ein radikaler Perspektivenwechsel, der Migration nicht mehr als defizitär oder gar bedrohlich, sondern vielmehr als Ressource und Potenzial sowohl für Herkunfts- als auch für Zielländer begreift.

Erste Ansätze eines Umdenkens in diese Richtung zeigten sich in dem durch die Global Commission on International Migration im Jahr 2005 veröffentlichten Bericht „Migration in einer interdependenten Welt: Neue Handlungsprinzipien" und in der von der Europäischen Kommission angeregten Debatte über die Einführung einer Blue Card im Herbst 2007. Die Realität sich verändernder weltweiter Wanderungsbewegungen (zirkuläre Migration, bzw. Pendelmigration, statt dauerhafte Immigration) findet jedoch kaum Eingang in die migrationspolitischen Regime europäischer Länder. Diese zeichnen sich seit längerem eher durch den Versuch der Abschottung und Eindämmung von Migrationsströmen aus.

Deshalb stand als durchgehende Frage über der Tagung: Wie kann der von Kofi Annan propagierte Triple Win von Migration umgesetzt werden? D.h. genauer: Wie und durch welche konkreten Maßnahmen und politischen Abstimmungen wird Migration zu einem Gewinn für die Migranten selbst, für die Herkunfts- und für die Zielländer, also ein Brain Gain für alle?

Dazu nahmen nicht nur Vertreter der hiesigen Politik, Entwicklungszusammenarbeit, Wirtschaft und Beschäftigungsförderung, sondern auch sog. „Pendelmigranten" mit ihren spezifischen Erfahrungen und politische Verantwortliche aus den Herkunftsländern, wie der afghanische Vizearbeitsminister Bashiri, der kossovarische Arbeitsminister a.D. Isufi und der mongolische Kulturattaché Battumur, Stellung. Übereinstimmend stellten letztere den Aspekt der Mobilität als wünschenswert in den Vordergrund; fachliche Migration und unternehmerisches Handeln sollten sowohl in Richtung der Herkunfts- als auch der Zielländer möglich sein. Die Verbesserung der beruflichen Bildung und Qualifikation in den Herkunftsländern ist in diesem Zusammenhang ein Kernthema. Ein dringender Appell erging an die Entwicklungspolitik, die berufliche Qualifikation wieder mehr in den Vordergrund zu stellen. Ein Ansatz wäre u.U., die Vergabe von Aufträgen an Unternehmen mit der Auflage zu Fort- und Weiterbildung zu verbinden.

Wie Migration als Entwicklung von Herkunfts- und Zielländern konkret umgesetzt werden kann, wurde vor allem in den Arbeitsgruppen weiterverfolgt und auf verschiedenste Handlungsbereiche bezogen: Bedarfe der Herkunfts- und Zielländer in Bezug auf Wirtschaft, unternehmerisches Handeln, Arbeitsmarkpolitik, Beschäftigungs- und Ausbildungsförderung und last not least auf eine daran angepasste europäisch koordinierte Entwicklungs- und Migrationspolitik. Als Ergebnis der Debatten wurden weitreichende Handlungsempfehlungen und Lösungsvorschläge entwickelt, von denen hier nur einige hervorgehoben werden sollen:

Der handlungsleitende Gedanke bei allen Maßnahmen und Regulierungen sollte in Zukunft die Förderung und nicht die Eindämmung von Mobilität sein. Bei der notwendigen Anwerbung von ausländischen Fachkräften für die europäischen Länder, werden zur Zeit fast ausschließlich Hochqualifizierte in den Blick genommen;

es sollte jedoch bedacht werden, dass wirtschaftlich nur ein ausgewogener Mix von Niedrig- und Hochqualifizierten einen deutlichen Gewinn für Herkunfts- und Zielländer darstellt. Die Gefahr des Brain Waste für die Herkunftsländer ist eher als niedrig einzustufen, denn die Rücküberweisungen und der Transfer von Know-How durch Rückkehr lässt auch sie von der Migration profitieren. Wenn Migration zur Entwicklung sowohl der Herkunfts- als auch der Zielländer beitragen soll, ist die Förderung von Beschäftigung und die berufliche Fort- und Ausbildung eines der vordringlichsten Aufgaben. Vor allem das Handlungsfeld der beruflichen Bildung müsste länderübergreifend organisiert, angepasst und gefördert werden – das hätte erhebliche Folgen für das deutsche

(Berufs-)Bildungssystem. Neue Instrumente der Entwicklungspolitik wie Public Private Partnership (PPP) müssten wesentlich unbürokratischer gestaltet werden, um für kleine und mittlere Unternehmen attraktiv zu werden. Um die Rücküberweisungen kostengünstiger zu gestalten und besser zu nutzen, müssten Finanzprodukte und Finanzinfrastruktur in den Herkunftsländern verbessert werden. Die Investition dieser Gelder außerhalb des persönlichen Konsums, z.B. in Entwicklungsfonds, ist eher schwierig und mit sehr hohem Aufwand verbunden.

Als Gesamtertrag der Beiträge und Diskussionen ist die Forderung zu nennen, in Zukunft eine weitreichende und übergreifende Anpassung und Abstimmung in den unterschiedlichsten Politikfeldern und Ressorts vorzunehmen. Diese Abstimmung steht bisher erst am Anfang und ist durch Pilotprojekte und eher unkoordinierte Einzelmaßnahmen gekennzeichnet. Die geforderte Kohärenz der Politik auf nationaler und europäischer Ebene in diesem Zusammenhang wird nicht einfach herzustellen sein. Konfligierende Interessen müssen ausgehandelt und soziale Verwerfungen, z.B. auf dem Arbeitsmarkt (ausländische Billigarbeiter ersetzen einheimische Fachkräfte, qualifizierte ausländische Arbeiter werden eingeflogen, während hohe Arbeitslosigkeit in der Bevölkerung herrscht) müssen abgefedert und bedacht werden. Dennoch wird eine zukunftsweisende Migrationspolitik nicht um die mühselige Abstimmung der Interessen und ein ressortübergreifendes Handeln herumkommen. Die Zeichen der Zeit werden auf politischer Ebene langsam erkannt, die Erprobung des Triple Win und seine sinnvolle Umsetzung stehen noch aus.

Migration ist keine Einbahnstraße

Podiumsgespräch

Migration ist keine Einbahnstraße

Erfahrungen von Migranten und Migrantinnen

Eine Gesprächsrunde mit Khaliuna Chuluunbaatar (Studentin, Mongolei und Deutschland), Bekim Xhafa (CEO GmbH, Kosovo und Deutschland), Henry Liesche (Geschäftsführer HARO Bau, Mazedonien und Afghanistan) und Alisha Paenda (Consultant, Deutschland und Afghanistan). Moderation: Klaus Dünnhaupt (AGEF Berlin)

Klaus Dünnhaupt:

Die Bushaltestelle, ein Bahnhof oder der Flughafen sind ideale Möglichkeiten, mit Migranten ins Gespräch zu kommen und sie zu fragen: Wo kommst du her? Wo fährst du hin? In welcher Art und Weise ist Dein Leben bisher verlaufen?

An dieser imaginären Bushaltestelle in Loccum können wir vier Wanderer zwischen den Kontinenten kennen lernen. Damit haben wir gemeinsam die Gelegenheit, bevor wir in die fachlichen Themen dieser Tagung einsteigen, zu hören, wie die tatsächlichen Schicksale aussehen, die bei den Debatten über Zuwanderung besprochen werden, an denen die Migranten aber oft nicht beteiligt sind.

An euch alle die Frage: Ist Migration eine Einbahnstraße oder nicht?

Khaliuna Chuluunbaatar:

Mein Name ist Chuluunbaatar, ich komme aus der Mongolei. Seit 2001 studiere ich an der Universität Hannover. Ich bin nach Deutschland gekommen mit einer Tochter, sie war damals drei Jahre alt. Inzwischen hat das „Schicksal zugeschlagen", ich bin unerwünscht mit Zwillingen schwanger geworden. Nun bin ich eine alleinerziehende Mutter mit drei Kindern. Mein Studium kommt nicht recht vorwärts. Aber die Kinder wachsen. Es ist sehr schwierig, in Deutschland Arbeit zu finden. Ich habe immer wieder Probleme mit der Arbeitserlaubnis, mit dem Visum. Und immer wieder die Frage: Wovon sollen wir leben? Auf den Ämtern sagt man mir: Schicken Sie doch Ihre Kinder nach Hause. Immer wieder muss ich mit Kontoauszügen nachweisen, wie viel ich kriege, wovon ich lebe. Ich muss das Studium schaffen, den Haushalt, nebenbei noch arbeiten am Wochenende. Eigentlich war es mein Wunsch, in Deutschland, meinem Traumland, zu bleiben und mein Studium zu beenden. Aber in den letzten beiden Jahren, bin ich in meiner beruflichen Entwicklung stehen geblieben.

Klaus Dünnhaupt:
Warum sind Sie denn überhaupt nach Deutschland gekommen? Sie hätten doch das Ganze in der Mongolei viel einfacher haben können. Da haben Sie Ihre Familie, da kennen Sie die Umstände, da ist es doch sicher viel leichter als alleinerziehende Mutter.

Khaliuna Chuluunbaatar:
In meiner Familie haben die Geschwister meiner Eltern in der DDR-Zeit in Karl-Marx-Stadt – heute Chemnitz – eine sehr gute Ausbildung absolviert. Und nach der Schule, als ich meinen Beruf hatte, da war es mein Traum, nach Deutschland zu gehen. Ich habe sehr viel Geld und Zeit gebraucht, bis ich das Visum für Deutschland hatte, das hat fast fünf Jahre gedauert und all meine Ersparnisse sind dafür draufgegangen.

In der Mongolei hatte ich vier Fachsemester Medizin studiert, aber eine Zulassung zu einer medizinischen Hochschule in Deutschland bekam ich nicht. Es ist sehr schwierig, für ein Medizinstudium in Deutschland zugelassen zu werden. Man musste damals zunächst 10.000 DM nachweisen und dann auf die Zulassung warten, das konnte Jahre dauern. Für mich gab es keine großen Wahlmöglichkeiten des Studienfaches, ich durfte aussuchen zwischen Biologie, Biochemie, Chemie. Und das waren eigentlich nicht so meine Wunschfächer. Aber ich entschied mich dann für Chemie an der Universität Hannover.

Und jetzt stehe ich hier in Deutschland, mit drei Kindern, die ja nun schon die nächste Generation sind, und bekomme keinerlei Unterstützung. Ich habe überall versucht, Geld zu beantragen, aber es gab keine Möglichkeit – ich sei ja schließlich zum Studieren gekommen, wurde mir immer wieder gesagt. Als ich schwanger wurde habe ich bis zum siebten Monat hart gearbeitet. Aber nach der Geburt der Zwillinge ging das nicht mehr. Ich bekomme kein Kindergeld, kein BAföG, keine Sozialhilfe. Jetzt arbeite ich neben dem Studium in einem Pflegeheim des Deutschen Roten Kreuzes, und ab und zu gibt uns meine Schwester, die auch in Deutschland lebt, etwas dazu. Und ich versuche mit allen Mitteln, hier zu bleiben, wegen meiner Kinder. Wenn ich mein Diplom habe, dann gibt es ja nun die Möglichkeit innerhalb eines Jahres nach dem Ende des Studiums, einen Job zu finden. Ich habe das alles nicht so geplant. Im Moment komme ich beruflich nicht richtig vorwärts, aber jetzt zurück nach Hause, das möchte ich auch nicht. Für meine Kinder will ich das tun, ich brauche den Abschluss auch für sie.

Bekim Xhafa:

Mein Name ist Bekim Xhafa. Ich komme aus Pristina und bin Kosovo-Albaner. Ich habe im Kosovo gelebt und gelernt bis zu meinem 17. Lebensjahr. Dann bin ich nach Deutschland eingereist. Hier habe ich mich weitergebildet, eine Umschulung absolviert, gearbeitet.

Ich bin als politischer Flüchtling hier eingereist und bekam auch nach zweieinhalb, drei Jahren den Status als anerkannter Flüchtling. Ich durfte studieren, bekam eine Arbeitserlaubnis und konnte dann auch die deutsche Staatsbürgerschaft beantragen, was ich getan habe. Im Kosovo hatte ich das Abitur gemacht und dann zwei Semester Biologie studiert. Und diese zwei Semester ermöglichten mir, dass in Deutschland mein Abitur als Schulabschluss anerkannt wurde. Ich besuchte einen Intensivsprachkurs in Deutschland, lernte vier Monate lang Deutsch und konnte dann an einer Fachhochschule studieren konnte. Da habe ich dann einen Abschluss als Bauingenieur gemacht und dann auch den größten Teil meiner Zeit in Deutschland in der Baubranche gearbeitet. Ich habe als Bauarbeiter gearbeitet, als Bauhelfer aber ich war auch Bauleiter bei zwei privaten Unternehmen im Raum Mannheim. Das alles war sehr positiv. Dann begann 1999 der Krieg im Kosovo. Danach entstand mein Wunsch, in mein Heimatland zurückzukehren und dort meine Kenntnisse und Erfahrungen, die ich erworben hatte, einzusetzen. Ich wollte die Leute unterstützen, die dort im Krieg leiden mussten. Ende 1999 ging ich also wieder zurück in den Kosovo, um dort zu leben und das Land aufzubauen mit den Kosovo-Albanern.

Klaus Dünnhaupt:
Normalerweise kamen die Flüchtlinge aus dem Kosovo ja hierher, weil sie vor dem Krieg flohen. Und Sie sind zurückgegangen, obwohl da Krieg war?

Bekim Xhafa:
Ich ging zurück, weil es mein Land ist. Das klingt vielleicht ein bisschen pathetisch, aber das war der Grund. Ich wollte einfach Teil der Entwicklung meines Landes sein. Ich war der Meinung, dass die Erfahrung, die ich in Deutschland gesammelt habe, gebraucht wurde.

Mit Kosovo ist es zum Glück inzwischen gut vorwärts gegangen, es ist viel aufgebaut worden. Ich habe mich dort weiterqualifiziert an verschiedenen Universitäten oder bei Organisationen, die Umschulungen anboten. Und ich habe in Kosovo ein Unternehmen gegründet, das Messen veranstaltet und organisiert. Seit dem Jahr 2000 führen wir Messen für verschiedene Branchen durch im Kosovo und den westlichen Balkanländern, inklusive Albanien und Teilen von Mazedonien.

Ich bin lebe im Kosovo, aber arbeite auch sehr viel in Deutschland, um Beziehungen herzustellen zwischen kosovarischen und deutschen Firmen. Schließlich kenne ich beide Mentalitäten ziemlich gut und die Bedingungen in beiden Ländern. Ich habe die deutsche Staatsbürgerschaft und brauche deshalb für meine Arbeit keine Visa. Aber die Frage von Einreiseerlaubnis und Visa ist ein großes Problem für die, die auf diesem Planeten reisen wollen, speziell in die EU-Länder. Ich habe richtig handfeste Probleme erlebt mit unseren Kunden, kosovarischen Unternehmern, die in Deutschland einreisen wollten. Ein Teil von ihnen hat ein Visum bekommen, ein anderer Teil nicht – aus ganz individuellen, oft nicht nachvollziehbaren Gründen. Es handelte sich dabei um Leute, die in Deutschland Geld ausgeben wollten, die hier Geschäfte machen wollten. Aber sie durften hier nicht rein. Bei einer Unternehmerreise nach Deutschland hatten wir sechzig Teilnehmer. Und von diesen sechzig Unternehmern waren 90% Firmeninhaber, mit einem soliden, gesunden Geschäft im Kosovo, die bereits mehrmals in die EU eingereist waren, darunter auch in Deutschland. Und plötzlich erhielten sie keine Einreiseerlaubnis. Es ist nicht zu verstehen, warum einer z.B. bereits zehn Mal ein EU-Visum hatte und ihm auf einmal das elfte verweigert wurde. Er war in keinem System negativ erfasst, hatte keine Schulden oder andere negative Dinge. Das sind doch Leute, die haben Kapital und Investitionen im Kosovo! Aber auf die Frage, warum kein Visum erteilt wird, bekommt man keine Antwort.

Kosovo das ist ein Land mit zweieinhalb Millionen Einwohnern. In den letzten Jahren hat sich die Lage sehr verbessert und wir haben jetzt einen großen Markt einschließlich Mazedoniens, Albaniens und Teilen Montenegros. Und das sind dann zehn Millionen Einwohner. Die insgesamt 400 Firmen, deren Vertreter mit uns inzwischen in Deutschland waren, haben Umsätze von über 22 Millionen Euro in Geschäften mit deutschen Firmen gemacht.

In anderen Ländern ist das mit der Einreise und den Visa oft weit weniger kompliziert. Wir sind vier, fünf Mal mit unseren Unternehmen in die USA eingereist, auch nach dem 11. September. Und es gab weniger Probleme als in Deutschland. Alle haben ein Visum bekommen, alle sind danach wieder zurückgekehrt. Wir haben auch Unternehmerreisen nach Frankreich geführt, auch dort gab es weniger Probleme als in Deutschland, ebenso unkompliziert war es in Belgien. Auch nach China, Dubai und Malaysia einzureisen war viel einfacher, als nach Deutschland zu kommen.

Klaus Dünnhaupt:
So und nun haben wir hier noch einen Gesprächspartner. Er ist ein gebürtiger Deutscher, aber er ist aus Deutschland weggegangen, ein Migrant in die andere Richtung.

Henry Liesche:
Mein Name ist Henry Liesche, ich bin Unternehmer und ich habe Deutschland vor neun Jahren verlassen. Ich bin in der Baubranche und führe ein Unternehmen, was mittlerweile in mehreren Ländern aktiv ist. 1991 habe ich in Berlin begonnen, meine Firma aufzubauen. In der Nachwendezeit lief das Geschäft gut, aber dann gingen die Bauaktivitäten zurück. Und dann hat mich das Leben zunächst in den Balkan verschlagen. Unsere Firma hatte dorthin bereits Kontakte, wir hatten Mitarbeiter aus dem Kosovo, die für uns in Berlin tätig waren. Und als dann die Kosovokrise und der Krieg kam, bin ich danach hin gefahren, um zu schauen, welche Möglichkeiten es für ein Unternehmen wie unseres dort gibt. Seitdem bin ich mit meinem Unternehmen in verschiedenen Ländern tätig.

Zunächst einmal ist es für uns Deutsche, wenn wir ins Ausland migrieren natürlich auch nicht viel einfacher, als wenn ein Ausländer nach Deutschland kommt. Wir haben in allen Ländern Bürokratien, auch wenn wir als deutsche Unternehmer natürlich den Vorteil haben, dass wir in den meisten Ländern, im Balkan z.B. oder auch in der arabischen Welt, ganz gern gesehen werden. Trotz alledem müssen natürlich auch wir die ganz normalen Bürokratien durchlaufen. Und da kämpft man täglich mit neuen Dingen, aber das ist in Deutschland ja nicht anders.

Aber dann hatte ich natürlich auch noch andere Barrieren zu überwinden. Wir haben Sprachprobleme, wir haben Übersetzungsprobleme und da wo ich auch tätig bin, fehlen z.T. auch bestimmte Strukturen, was das Vorgehen zusätzlich erschwert. Ich bin vorgestern aus Afghanistan gekommen. Wir sind seit fünfeinhalb Jahren da, bauen dort mittlerweile auch schon sehr erfolgreich alle möglichen Projekte für Regierungsorganisationen, für Entwicklungshilfe, auch für Militärs.

Klaus Dünnhaupt:
Und warum Afghanistan, nach dem Balkan – zieht dich die Krise oder der Krieg an?

Henry Liesche:
Der Balkan wird langsam organisiert, jetzt wird es dort zu langweilig für mich. Also, mich reizt schon das Neue. Ich glaube, sonst hätte es mich auch nicht aus Deutschland weggetrieben. Und wenn es dann so ist, dass sich die Strukturen entwickeln und auch andere Unternehmen kommen, die das dann halt kopieren, dann verliert es für mich schnell den Reiz, dann ist es Zeit für mich, wieder mal woanders hinzugehen. Um dort natürlich wieder mit neuen Problemen zu kämpfen.

Klaus Dünnhaupt:
Was ist aus Deinem Blickwinkel das Wichtigste, was Du gelernt hast in diesen ganzen Jahren, die du jetzt unterwegs bist? Was sagt Deine Familie dazu, du hast zwei Kinder und eine Frau, wie organisiert Ihr Euer Familienleben?

Henry Liesche:
Leider kann ich meine Familie nicht mitnehmen zu meinen Unternehmensstandorten, weil dort die Sicherheitslage sehr prekär ist. Wir haben uns irgendwie arran-

giert über die Jahre. Die ersten Jahre waren natürlich schwierig. Der Trennungs-schmerz der Kinder am Flughafen war jedes Mal schlimm. Aber mittlerweile haben sie sich dran gewöhnt, wissen Daddy kommt und Daddy geht wieder, das ist nor-mal geworden. Und die Kommunikationsmöglichkeiten heutzutage machen es na-türlich mittlerweile einfacher. Wir haben alle Skype, wir können uns über Video se-hen und auf alle möglichen Arten Kontakt halten. Das macht es also schon erheb-lich einfacher.

Klaus Dünnhaupt:
Könntest du dir vorstellen, wieder in Deutschland eine Baustelle zu betreiben? Kannst du überhaupt noch „deutsch" bauen?

Henry Liesche:
Natürlich kann ich noch „deutsch" bauen, und das ja auch unser Hauptargument, warum wir eigentlich so erfolgreich sind. Wir versuchen überall wo wir bauen, die deutschen Normen und Qualitätsstandards einzuführen. Das ist natürlich auch ei-nes der Hauptargumente für mich im Kundengespräch, wenn ich sie überzeugen will, dass sie mir den Auftrag geben sollen. Und in der Regel gelingt mir das dann auch.

Im Moment habe ich kein großes Interesse daran, nach Deutschland zurück-zugehen. Mich reizt eigentlich eher, mein Unternehmen weiter auszudehnen auf mehrere Länder. Wir sind jetzt in drei Ländern aktiv, dieses Jahr möchte ich das vier-te ansteuern.

Klaus Dünnhaupt:
Bleiben wir bei Afghanistan: Der nächste Gesprächspartner kommt aus diesem Land.

Alisha Paenda:
Ich heiße Alisha Paenda, bin geboren in Afghanistan, in Kabul. Nach der Invasion der russischen Truppen haben meine Eltern mit mir Afghanistan verlassen. Damals war ich sechs. Wir sind in den Iran geflüchtet und es war auch das Ziel meiner El-tern, vorerst dort zu bleiben, weil man dachte, die Lage in Afghanistan wird sich bald wieder bessern, die sowjetischen Truppen werden irgendwann abziehen. Dem

war aber nicht so und die iranische Regierung hat uns auch nicht gut behandelt. Damals war ja Khomeini an der Macht. Und Khomeini und die Taliban – da ist kein Unterschied. Den Afghanen wurde irgendwann untersagt, in die Schule zu gehen. Und da hat mein Vater beschlossen, in ein Land zu gehen, wo wir Zugang haben würden zu Bildung. Deutschland kam da als erstes ins Blickfeld und so sind wir dann über Pakistan hierher gekommen. Das war 1982. Ich habe die Schule absolviert, Abitur gemacht und dann Betriebswirtschaft studiert. Und ich konnte auch praktische Erfahrungen sammeln in diversen Unternehmen, zuletzt im Management.

2002 dann hatte sich die Lage verändert in Afghanistan. Und auf einmal kam das Thema für mich ins Blickfeld. Da war auf einmal eine Brücke zu meinen Wurzeln. Es gab nach so viel Jahren auf einmal die Möglichkeit, nach Afghanistan zu gehen. Und das habe ich im September 2002 getan, bin nach Afghanistan und habe dort fünf Jahre lang gearbeitet, beim Wiederaufbau mitgeholfen. Im Moment habe ich mich aber für eine Zeit lang wieder zurückgezogen nach Deutschland. Ich lebe zurzeit in Köln, habe geheiratet. Und, ich denke mal, eine Weile werde ich hier leben, weil meine Frau hier studiert, zwei Jahre braucht sie noch. Und nach den zwei Jahren ist die Welt offen. Für mich persönlich gibt es keine Grenzen. Also, heute ist es Köln, wo ich meine Basis habe, und morgen kann es ganz woanders sein. Ich bin da mittlerweile nicht festgelegt.

Klaus Dünnhaupt:

Was hat Dir Deine Ausbildung, die Du in Deutschland fortgesetzt und abgeschlossen hast, gebracht?

Alisha Paenda:

Es hat mir in Deutschland genützt – ich konnte einen Job finden. Und natürlich auch im Ausland. Das habe ich in Afghanistan gemerkt, dass meine Qualifikation dort gebraucht wird. Und genauso wie deutsche Baustandards international gelten, werden auch die Ausbildungsabschlüsse aus Deutschland dort anerkannt.

Klaus Dünnhaupt zu Bekim Xhafa:

Und wie ist das bei Ihnen im Kosovo gewesen? Hat die deutsche Ausbildung da wirklich was genützt?

Bekim Xhafa:

Ja, natürlich, das hat genützt, das hat mir wirklich geholfen. Wenn man hier in Deutschland lange Zeit lebt, dann lernt man z.B. auch gut zu planen, zeitlich, organisatorisch und langfristig, und erst dann an die Umsetzung zu gehen. Das ist auf dem Balkan seltener zu finden.

Klaus Dünnhaupt:

Noch eine letzte Frage an alle: Was und wo möchte jeder von Ihnen in zehn Jahren sein, was ist Ihre Vision, privat und beruflich?

Alisha Paenda:

Ich sehe mich in zehn Jahren eher in Deutschland. Mit einer Familie, mit Kindern und mit einem festen Beruf. Das ist meine Vision. All meine Reisen haben mir auch klar gemacht, dass ich schon hauptsächlich durch die deutsche Kultur beeinflusst bin, eben weil ich hier aufgewachsen bin. Es gibt Dinge, die ich an Deutschland sehr schätze. Dazu gehört Rechtsstaatlichkeit, Rechtsklarheit, die Sicherheit, die man hier hat. Die Infrastruktur in Bezug auf unser Leben und für die Zukunft meiner Kinder ist sehr gut und das ist ausschlaggebend.

Bekim Xhafa:

Ja, also die Perspektive für mich in zehn Jahren sieht so aus, dass wir dann mit unseren Geschäften in vielen Ländern auf dem Balkan vertreten sind. In zehn Jahren schauen wir, dass wir uns dann auch doch in den EU-Ländern Vertretungen aufbauen. Dazu sollten wir das Recht erhalten haben. Wir wollen hoffen, dass es in zehn Jahren anders aussieht, dass die Welt dann eher zusammenkommt. Dass es weniger Grenzen gibt, dass es mehr oder weniger eine Ebene gibt, zumindest in Europa, und dass man gut ausgebildete Leute überall finden kann.

Henry Liesche:

Ich sehe mich eigentlich eher nicht in Deutschland, obwohl ich es auch nicht völlig ausschließen will. Ich bin gerne hier, hab dann aber meistens nach einer Woche oder zehn Tagen schon das Gefühl, ich muss wieder los. Wo ich in zehn Jahren genau sein werde, weiß ich – ehrlich gesagt – heute noch nicht. Also, ich glaube, dass man, wenn man so ein Leben führt wie ich, auch immer wieder was Neues sucht. Und ich glaube deswegen, ich werde mich nicht hier irgendwo zur Ruhe setzen und dann aufs Feld gucken.

Khaliuna Chuluunbaatar:

Für mich ist das sehr schwierig zu beantworten. Ich weiß es noch nicht. Für meine Kinder bin ich bereit, in Deutschland zu bleiben. Aber wer weiß, was in zehn Jahren alles passiert – vielleicht muss ich auch nach Hause. Ich habe im Moment gar keinen Plan. Aber ich kann mich gut auf neue Situationen einstellen, das habe ich gelernt.

Welchen Realitätsbezug hat die Migrationspolitik?

Steffen Angenendt

Welchen Realitätsbezug hat die Migrationspolitik?

Die Veranstalter haben mir die Frage gestellt, welchen Realitätsbezug die deutsche und europäische Migrationspolitik hat. Mein Eindruck ist, dass unsere Politik ein deutliches Realitätsdefizit aufweist. Wir verfolgen in Deutschland und Europa insgesamt eine unkoordinierte, fragmentierte, widersprüchliche und ungeplante Migrationspolitik, die immer noch sehr viel stärker auf die Risiken als auf die Chancen von Migration fixiert ist.

Ich möchte Ihnen in diesem Vortrag zunächst einige Informationen über die globalen und die europäischen Migrationstrends geben und dann etwas zu den politischen Herausforderungen sagen, die mit diesen Entwicklungen verbunden sind. Dabei werde ich kurz auf die zentralen Themen Demografie, Arbeitsmärkte, Integration und Entwicklung eingehen. Anschließend möchte ich einige Handlungsmöglichkeiten und Instrumente benennen.

1. Globale und europäische Migrationstrends

Der erste Trend ist die generelle Zunahme von Wanderungsbewegungen. 1965 gab es weltweit nach Schätzungen internationaler Organisationen etwa 75 Millionen internationale Migranten, also Menschen, die seit mehr als einem Jahr außerhalb ihres Heimatlandes lebten und arbeiteten. Im Jahr 2005 betrug ihre Zahl bereits 200 Millionen. Erstaunlicher als diese Zunahme in absoluten Zahlen ist aber, dass der Anteil der Migranten an der Weltbevölkerung sich nicht grundlegend verändert hat. 1965 machte der Anteil der Migranten etwa 2,5 Prozent der Weltbevölkerung aus, 2005 etwa drei Prozent. Obwohl diese Daten lediglich Schätzungen sind, die auf (bereits ungenauen) nationalen Schätzungen beruhen, bieten sie zumindest eine ungefähre Vorstellung vom weltweiten Wanderungsgeschehen. Würde man die gegenwärtigen Entwicklungstrends linear fortschreiben, betrüge im Jahr 2050 die Zahl der internationalen Migranten weltweit etwa 270 Millionen Menschen.

Die entscheidende Frage, die sich in diesem Zusammenhang stellt, lautet, ob das nun viel oder wenig ist? Feststellen kann man zunächst anhand der Daten der Vereinten Nationen, das die internationalen Wanderungen sich regional höchst unterschiedlich entwickeln. In Abb. 1 ist die Entwicklung des Wanderungsgeschehens in einzelnen Weltregionen dargestellt.

Abb. 1: *Internationale Migranten als Teil der Bevölkerung, 1970 und 2000, nach Weltregionen (in %)*

	1970	2000
Welt	2,2	2,9
Entwickelte Staaten	*3,6*	*8,7*
Entwicklungsländer	*1,6*	*1,3*
Afrika	2,8	2,0
Asien	1,3	1,2
Lateinamerika/Karibik	2,0	1,1
Nordamerika	5,6	*12,9*
Europa	4,1	6,4
Ex-UdSSR	1,3	*10,2*

Quelle: United Nations, Trends in Total Migrant Stock: The 2003 Revision

Die entwickelten Staaten haben in den vergangenen 30 Jahren eine starke Zunahme verzeichnet. Der Anteil der internationalen Migranten in diesen Ländern ist von 3,6 Prozent auf 8,7 Prozent gestiegen. Hingegen hat der Anteil der Migranten in den Entwicklungsländern abgenommen. Aufgegliedert nach Kontinenten sieht man sehr deutlich, dass die Gewinner Nordamerika mit einer relativ starken Steigerung und Europa mit einem moderaten Zuwachs sind. Auch die ehemalige Sowjetunion weist eine starke Zunahme auf, was aber primär auf die Neuordnung der Staatsgrenzen in dieser Weltregion zurückzuführen ist:

Wenn man sich die Wanderungssalden des internationalen Wanderungsgeschehens insgesamt anschaut, dann sind Europa, Nordamerika und Ozeanien Gewinner, die anderen Weltregionen sind Wanderungsverlierer.

Der zweite Trend betrifft die unterschiedliche Entwicklung der einzelnen Formen der Migration. Die Zahl der Migranten steigt, die Zahl der internationalen Flüchtlinge nimmt hingegen ab.

Abb. 2: Zahl der Migranten und Flüchtlinge weltweit, 1970-2000, in Mio

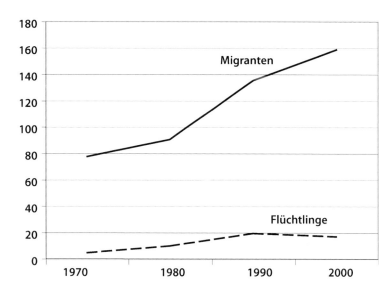

Quelle: UN, Trends in Total Migration Stock, The 2003 Revision

Abb. 2 zeigt nur die Entwicklung bis zum Jahr 2000, die Trends haben sich seitdem aber nicht grundlegend verändert. Die Schere klafft weiter auseinander: Es gibt mehr Migranten, aber weniger Flüchtlinge.

Die dritte Trend ist eine Zunahme der Zahl der Binnenvertriebenen. Diese Entwicklung auch für die internationale Politik problematisch. Das Problem bei Binnenvertriebenen ist, dass keine internationale Organisation ein Mandat hat, sich um diese Menschen zu kümmern. Für Flüchtlinge hingegen existieren ein internationales Regime und internationale Organisationen (UNHCR und UNRWA). Vergleichbares gibt es für Binnenvertriebene nicht. Ob ein Drittstaat oder die internationale Gemeinschaft den Betroffenen helfen kann, hängt von der Genehmigung, dem Entgegenkommen des Aufnahmestaates ab. Dieser muss die humanitäre Hilfe erlauben, was häufig nicht gegeben ist. Das Problem der Binnenflüchtlinge und die Schaffung eines internationalen Regimes hierfür ist eine Aufgabe, mit der sich internationale Politik in Zukunft noch sehr viel stärker beschäftigen muss.

Ein vierter Trend, ist die Zunahme der irregulären Migration. Bemerkenswert dabei ist der Anstieg auch von weit entfernten Wanderungen. Zu beobachten sind beispielsweise Wanderungsbewegungen aus China, Pakistan und Bangladesch, die Nordafrika als Transitraum nutzen.

Der fünfte Trend, und dieser ist noch schlechter zu prognostizieren als die anderen Entwicklungen, ist der Zuwachs von Umweltflüchtlingen. Inzwischen haben einige internationale Organisationen dazu Studien vorgelegt. Selbst wenn die vereinbarten Klimaschutzziele erreicht würden, wird die Zunahme dieser Wanderungen nicht zu verhindern sein. In diesem Zusammenhang kann man durch verschiedene Aspekte erörtern und fragen, was dies für die Versorgung mit Ressourcen wie Wasser, Nahrung, Gesundheit usw. bedeutet (Abb. 3).

Die übereinstimmende Auffassung der Klimaforscher ist, dass der Klimawandel erhebliche Auswirkungen haben wird. Bei einer Erwärmung um zwei Grad – eine Erhöhung, die allen Prognosen zufolge auch bei Einhaltung der Klimaschutzziele bis zum Ende des Jahrhunderts erreicht werden wird – würde zum Beispiel die Zahl der Malariaopfer stark zunehmen (falls nicht Durchbrüche bei der Prophylaxe und Behandlung der Krankheit erreicht würden). Außerdem würden zusätzlich einige Millionen Menschen durch Hochwasser betroffen sein, vor allem in den tief liegenden Küstengebieten. Die Folgen werden gravierender, je stärker die Temperatur steigt. Das Gefährliche daran sind die unvorhersehbaren Entwicklungen respektive Kettenreaktionen, die sie auslösen werden (tipping points). Entsprechend dramatisch sind die Zahlenangaben, die in der Presse zirkulieren: Es ist von Hunderten von Millionen Umweltflüchtlingen die Rede. Solche Zahlenangaben haben mit seriöser Prognose wenig zu tun und sind mit entsprechender Vorsicht zu betrachten. Dennoch muss sich die internationale Politik mit dieser Problematik beschäftigen.

Der letzte Trend, den ich anführen möchte, ist die Herausbildung neuer Wanderungsformen. Temporäre Wanderungen werden zunehmen, wir werden immer weniger das klassische Migrationsmuster einer definitiven Aus- oder Einwanderung vorfinden. Unser traditionelles Bild von Wanderungen, wie beispielsweise das der

Abb. 3: Szenarien des Klimawandels und Umweltflüchtlinge

+°C	Wasser	Nahrung	Gesundheit	Land	Umwelt	Mögl. abrupte Veränderungen
1°	Schmelzen der Anden-Gletscher, betroffen: 5 Mio.	Leichter Anstieg der Getreide-produktion in gemäßigten Regionen	300.000 Tote jährlich aufgrund klimabedingter Krankheiten (Diarrhöe, Malaria, Unterernährung)	Auftauender Permafrost schädigt Gebäude und Infrastruktur in Kanada und Russland	Abnahme der Artenvielfalt um bis zu 10 %	Zirkulation der Weltmeere wird abgeschwächt, Wärmetransport zu Polen schwächer
2°	20- bis 30 % weniger Wasser in gefährdeten ariden Gebieten, Afrika/ Mittelmeerraum	Starke Abnahme der Getreide-produktion in tropischen Regionen	Zusätzlich 40-60 Mio. Malariaopfer	Zusätzlich 10 Mio. Menschen durch Hochwasser betroffen	15- bis 40-prozentige Abnahme der Artenvielfalt	
3°	Dürren in Südeuropa: 1 bis 4 Mrd. Menschen von Wasserknappheit, 1 bis 5 Mrd. von Überschwemmungen bedroht	150 bis 550 Mio. Menschen zusätzlich von Hunger bedroht	1 bis 3 Mio. Tote durch Unterernährung	1 bis 170 Mio. Menschen zusätzlich durch Überschwemmungen bedroht	20- bis 50-prozentige Abnahme der Artenvielfalt, akute Gefährdung des Amazonas-Regenwaldes	Risiko des irreversiblen Schmelzens der Grönländischen Eisflächen, Erhöhung des Meeresspiegels; Steigendes Risiko für atmosphärische Kreisläufe, z.B. Monsun; Risiko des Zusammenbruchs der westlichen Antarktis Eisfläche; Risiko des Zusammenbruchs der Zirkulation der Weltmeere
4°	30 bis 50 % weniger Wasser in gefährdeten Regionen, vor allem im südlichen Afrika und Mittelmeergebiet	Rückgang der Nahrungsmittelproduktion in Afrika um 15 bis 35 %, in einigen Regionen (Australien) keine Produktion mehr	80 Mio. zusätzliche Malariaopfer	7 bis 300 Mio. zusätzlich durch Überschwemmungen betroffen	Verlust der Hälfte der arktischen Tundra	
5°	Himalaya-Gletscher schmelzen, betroffen: 500 Mio. bis 1 Mrd. in China, Indien	Zunehmender Säuregehalt der Meere zerstört maritime Ökosysteme und Fischbestände		Meeresspiegel bedroht kleine Inseln und Küstengebiete (Florida, New York, London, Tokio)		

deutschen Amerika-Auswanderung zu Beginn des vorigen Jahrhunderts, beschreibt immer weniger die Realität des Wanderungsgeschehens. Überall nehmen temporäre Wanderungen zu, und es entstehen neue Formen von Wanderungen, wie zum Beispiel Pendelwanderungen oder zirkuläre Wanderungen. Für die Politik ist diese Entwicklung von besonderer Bedeutung, weil viele Herkunfts- und Aufnahmestaaten diese Form von Wanderung als Lösung für wirtschaftliche Probleme ansehen: Weltweit gibt eine Renaissance von temporären Anwerbeprogrammen.

2. Die Lage in Deutschland und die politischen Herausforderungen

Nun möchte ich auf die Herausforderungen zu sprechen kommen, die mit den genannten Trends verbunden sind.

2.1 Demographischer Wandel

Die wichtigste Herausforderung ist meines Erachtens der demografische Wandel. 1910 entsprach der Altersaufbau der deutschen Bevölkerung einer Pyramide, im Jahr 2050 wird es aller Wahrscheinlichkeit nach eine Urnenform sein.

Abb. 4: Altersaufbau der deutschen Bevölkerung 1910, 1999 und 2050

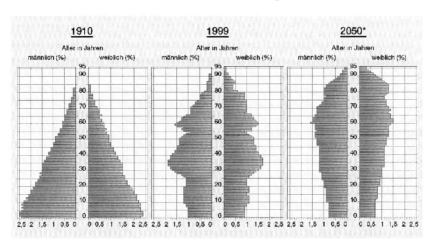

Quelle: Unabhängige Kommission „Zuwanderung", 2001

Die Ursachen für diese Entwicklung sind die nun schon seit Jahrzehnten unter dem Bestandserhaltungsniveau liegende Fertilität und die gestiegene Lebenserwartung. Die Folge ist eine rapide Alterung der Bevölkerung. Die einige Altersgruppe, die eine Zunahme verzeichnen wird, ist die der über 65-Jährigen, und die Zahl der über 80-Jährigen wird dramatisch zunehmen.

Ein zweiter Aspekt, der von den Folgen her ebenso dramatisch ist, aber in der öffentlichen Debatte bislang sehr viel weniger deutlich wahrgenommen wird, ist die Schrumpfung der Bevölkerung. Wenn man nur die natürliche Bevölkerungsentwicklung, also die Geburten und Sterbefälle betrachtet und Wanderungsbewegungen ausschließt, sieht man, dass die Bevölkerung in Deutschland um das Jahr 2050 herum jährlich um 600.000 Menschen abnehmen wird. Würde die gegenwärtig niedrige Zuwanderung anhalten – derzeit beträgt die Nettozuwanderung nach Deutschland jährlich weniger als 30.000 Menschen – wäre ein erheblicher Bevölkerungsverlust die Folge.

Diese Daten verdeutlichen zu einem gewissen Grad, was künftig auf uns zukommen wird. Allerdings sind diese Entwicklungen kein spezifisch deutsches Problem. Die meisten anderen EU-Staaten, vor allem aber die osteuropäischen EU-Nachbarstaaten, weisen ähnliche Entwicklungen auf, zum Teil mit noch dramatischeren Ausprägungen. Weltweit gesehen werden sich die Unterschiede in den demographischen Entwicklungen noch verstärken, es werden sich demographische Bruchlinien ergeben, wo Gegenden mit hohem Bevölkerungswachstum an Gebiete mit niedrigem Bevölkerungswachstum grenzen. Zwangsläufig wird es Ausgleichsprozesse in Form von grenzüberschreitenden Wanderungen geben, auch wenn deren Ausmaß von so vielen Faktoren (und nicht zuletzt der Grenzsicherungen der Gebiete mit niedriger Fertilität) beeinflusst, dass sich nicht prognostiziert werden können.

2.2 Arbeitsmarkt

Ein mit der demographischen Entwicklung eng verbundener Aspekt ist die Entwicklung des Arbeitskräftepotenzials.

Dies ist – vor allem in Hinblick auf einzelne Beschäftigungsbereiche und Wirtschaftssektoren — methodisch und empirisch mittel- und langfristig kaum zu prognostizieren. Um zumindest eine gewisse Vorstellung von den künftigen Entwicklungen zu bekommen, kann man die derzeitigen Trends fortschreiben. Dann erhalten wir folgendes Bild der Entwicklung des Arbeitskräftepotenzials, einmal mit und einmal ohne zusätzliche Migration:

Abb. 5: Projektion des Arbeitskräftepotenzials (15- bis 64-Jährige) in Industriestaaten, mit und ohne Migration, 2000 bis 2050

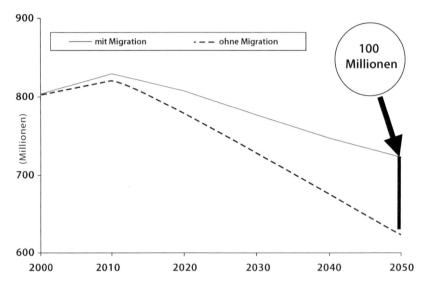

Quelle: UN, DESA, Population Department

Die durchgezogene Linie zeigt, dass bei Fortsetzung der gegenwärtigen Trends das Arbeitskräftepotenzial in den Industriestaaten bis zum Jahr 2050 deutlich abnehmen würde, also eine äußerst nachteilige Entwicklung. Die gepunktete Linie zeigt, was geschehen würde, wenn die Industriestaaten keine Zuwanderung hätten: Die Differenz würde etwa 100 Millionen Menschen ausmachen und das Arbeitskräftepotenzial würde um etwa ein Viertel abnehmen.

2.3 Integration

Eine weitere politische Herausforderung ist die Integration von Zuwanderern. Hierfür ist die Integration in den Arbeitsmarkt von entscheidender Bedeutung. In der

Langzeitbetrachtung zeigt sich für alle EU-Staaten, dass sich die Erwerbsbeteiligung der Zuwanderer in den vergangenen fünf Jahrzehnten grundlegend gewandelt hat.

Abb. 6: *Erwerbstätigkeit der ausländischen Bevölkerung in Deutschland, 1960-2004 (in Mio.)*

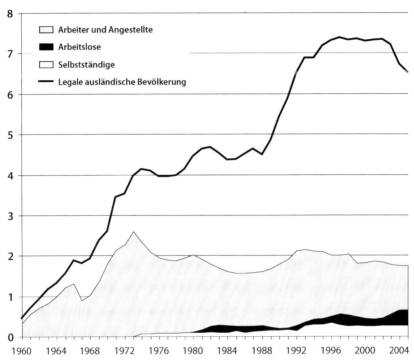

Quelle: Statistisches Bundesamt

In Deutschland beispielsweise waren im Jahr 1960 die (wenigen) Ausländer zum überwiegenden Teil erwerbstätig. Heute hat sich dieses Bild geändert, es ist nur noch ein Teil der Ausländer erwerbstätig, und auch die Struktur der Erwerbstätigkeit hat sich verändert: Ursprünglich waren ausländische Arbeitskräfte fast ausschließlich als Arbeiter und Angestellte beschäftigt. Inzwischen hat der Anteil der Selbstständigen und Arbeitslosen unter ihnen deutlich zugenommen. In den ver-

33

gangenen 45 Jahren hat eine Art „Normalisierungsprozess" der früher für eine Erwerbsbevölkerung atypische Erwerbsstruktur stattgefunden.

2.4 Migration und Entwicklung

Eine weitere politische Herausforderung ist die Zuwanderung von qualifizierten Arbeitskräften aus Ländern, die diese Arbeitskräfte selbst für ihre Entwicklung brauchen würden. In Bangladesch beispielsweise können zwei bis drei Prozent der Erwerbsbevölkerung als hoch qualifiziert bezeichnet werden, unter den bangladeschischen Auswanderern machen diese aber 62 Prozent aus. Ähnliche Muster finden sich auch in anderen wirtschaftlich weniger entwickelten Staaten.

Abb. 7: Hochqualifizierte, Anteil an Migranten und Gesamtbevölkerung, ausgewählte Länder, 2004

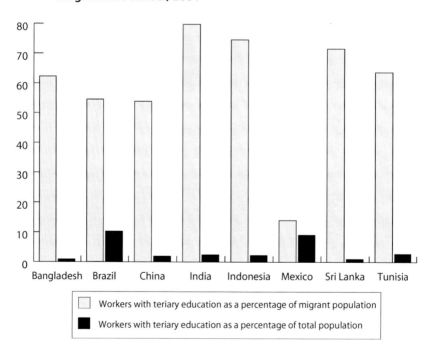

Quelle: El-Cherkeh, HWWI, 2006

Braindrain ist die Kehrseite der positiven Wirkungen der Auswanderung, die sich vor allem aus Rücküberweisungen oder dem Wissenstransfer durch Rückwanderer ergeben. Rücküberweisungen haben inzwischen für viele Staaten eine außerordentliche wirtschaftliche Bedeutung; in einigen Staaten übersteigen sie die Summe aus öffentlicher Entwicklungshilfe und ausländischen Direktinvestitionen.

Abb. 8: Rücküberweisungen in Entwicklungsländer, 1990-2005 (in Mrd. US-$)

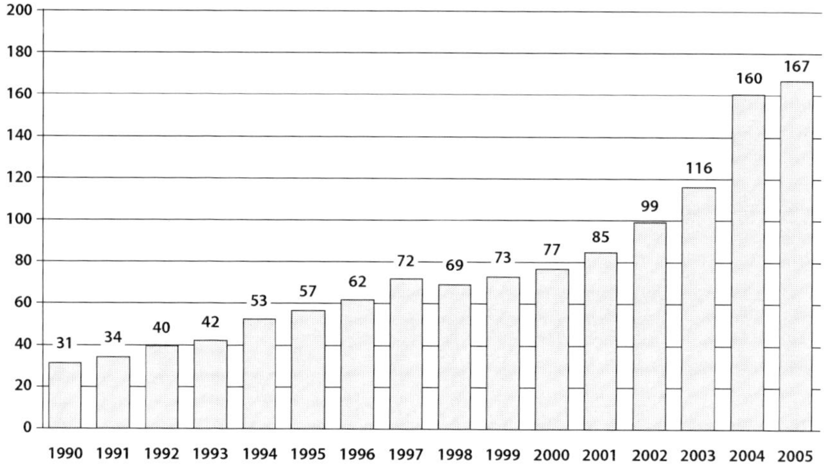

Quelle: UN, DESA, Population Department

Das hat sich auch auf die entwicklungspolitische Debatte ausgewirkt: Es gibt kaum noch eine entwicklungspolitische Stellungnahme, die nicht auf die Notwendigkeit der Förderung von Rücküberweisungen hinweist. Aber auch da muss man sehr genau unterscheiden: Was sind die Konsequenzen für die Haushalte, die Betriebe, die Kommunen und die Volkswirtschaft?

Für die Haushalte haben Rücküberweisungen in der Regel positive Effekte: die Bildungsmöglichkeiten für Kinder werden besser, ebenso die Wohnbedingungen und der allgemeine Lebensstandard. Für ländliche Haushalte sind Rücküberweisungen eine Art Rückversicherung, sie dienen der Absicherung von Investitionen in

35

Selbstständigkeit und können bei der Gründung von Kleinbetrieben Unterstützung bieten. Den Kommunen helfen sie beim Ausbau ihrer Infrastrukturen, sie bieten darüber hinaus auch einen Dynamikimpuls für stagnierende Gemeinden. Volkswirtschaftlich gesehen besteht keine offensichtliche und generelle Korrelation zwischen Rücküberweisungen und Wachstum: Einige Länder haben sich trotz hoher Rücküberweisungen nur schwach entwickelt, andere hingegen gut. Solche Unterschiede sind eher aus schwachen Märkten und schlechtem Regieren zu erklären.

Insgesamt sind die Wirkungen von Rücküberweisungen ambivalent, vor allem hinsichtlich der volkswirtschaftlichen Folgen. Eine realistische entwicklungspolitische Debatte muss sowohl die positiven als auch die negativen Aspekte zur Kenntnis nehmen.

3. Handlungsmöglichkeiten und Instrumente

Nun zu der Frage nach politischen Handlungsmöglichkeiten (und umfassenden Ansätzen). Die EU hat den Gesamtansatz zur Migrationsfrage im Dezember 2005 beschlossen und inzwischen mehrfach bekräftigt. Es lassen sich fünf Elemente bestimmen, in denen sehr heterogene Entwicklung festzustellen sind.

Abb. 9 EU-Strategie: Gesamtansatz Migration

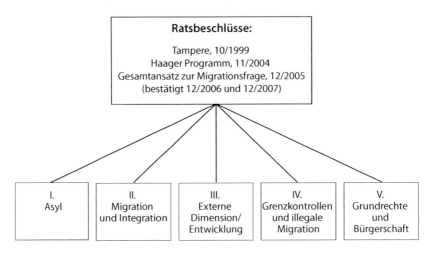

Ich will an dieser Stelle nur kurz skizzieren, wie das im Bereich Migration und Integration aussieht. Dort finden wir eine ganze Reihe von Maßnahmen, unter anderem einen „Strategischen Plan zur legalen Migration" der konkrete Schritte vorsieht. Zwei sind erfolgt, die Kommission hat Vorschläge für eine Rahmenrichtlinie und für eine Richtlinie für hoch qualifizierte Tätigkeiten, die so genannte Blue Card, vorgelegt. Es werden drei weitere Richtlinienvorschläge für Saisonarbeiter, Trainees und innerbetriebliche Arbeitskräfte folgen (Abb. 10).

Abb. 10: Europäische Politik im Bereich Migration und Integration

	II. **Migration und Integration**	
• Grünbuch Wirtschaftsmigration *KOM(2004) 811* • Mitteilung Migrationspolitik der Gemeinschaft • Richtlinie Familienzusammenführung *2003/86/EG* • Mitteilung Gemeinsame Integrationsagenda *KOM(2005) 389*	**Mitteilung „Strategischer Plan zur legalen Migration"** *KOM(2005) 669* sieht vor bis 2009: • Rahmenrichtlinie über legalen Aufenthalt von Drittstaatlern 10/2007 *KOM(20079 638* • Richtlinie Hochqualifizierte 10/2007 (Blue card) *KOM(2007) 637* • Richtlinie Saisonarbeiter • Richtlinie Trainees • Richtlinie Innerbetrieblich versetzte Arbeitskräfte	• Bericht zur Integration auf Grundlage der gemeinsamen Integrationsagenda von 9/2005 • National Contact Points • Handbook on Integration Nr. 2 • 3. Jahresbericht Migration 9/2007 • Richtlinie Einrichtung des Europäischen Fonds für die Integration von Drittstaatsangehörigen für den Zeitraum 2007-2013, 4/2005 *KOM(2005) 123*

Wer die Diskussion über die Blue Card verfolgt hat, weiß, dass es dazu in den Mitgliedstaaten sehr unterschiedliche Meinungen gibt, die Einigung auf gemeinsame Regelungen wird aller Wahrscheinlichkeit nach schwer fallen, weil viele Regierungen einen Verlust von Entscheidungskompetenzen und damit der Kontrolle über den Zugang zum nationalen Arbeitsmarkt befürchten.

Ein weiterer aktuell wichtiger Bereich ist die externe Dimension der EU-Migrationspolitik. Auch hier hat die EU-Kommission zahlreiche Vorschläge unterbreitet bzw. vorbereitet.

Abb. 11: Europäische Migrationspolitik im Bereich externe Dimension/Entwicklung

	III. Externe Dimension/Entwicklung	
• Mitteilung Einbeziehung von Migrationsbelangen in die Beziehungen der Europäischen Union zu Drittländern *KOM(2002) 703* (nur Prinzipien 9) • Mitteilung Migration und Entwicklung *KOM(2005) 390* • Mitteilung Vorrangige Maßnahmen zur Lösung von Migrationsproblemen 11/2005 *KOM(2005) 621*	• **Gesamtansatz zur Migrationsfrage 12/2005** (Finanzvolumen: 3 % der ENP-Mittel = 300 Mio € für 2007-2015) • Mitteilung Gesamtansatz nach einem Jahr 11/2006, *KOM(2006) 735*	• EU-Afrika-Ministerkonferenz zu Migration und Entwicklung, Tripolis 11/2006 • Ministerkonferenz zum Dialog von Herkunfts-, Transit- und Zielländern, Rabat 7/2006 • Mitteilung Zirkuläre Migration 5/2007 *KOM(2007) 248* • Richtlinie Illegale Beschäftigung 5/2007 *KOM(2006) 402* • Mitteilung Ausdehnung des Gesamtansatzes nach Ost-/Südosteuropa 5/2007 *KOM(2007) 247*

Dieser Bereich der Migrationspolitik hat zur Zeit Hochkonjunktur, weil es eine generelle neue Debatte über Migration und Entwicklung und über die Notwendigkeit temporärer Arbeitsmigration gibt, vor allem aber über zirkuläre Migration. Hier ist oft die Rede von einer Win-win- oder sogar Triple-Situation, die allen Beteiligten nütze.

Wie ist der Gesamtansatz Migration in diesem Bereich zu bewerten?

Zunächst ist festzustellen, dass es noch erhebliche Unsicherheiten über das Konzept der zirkulären Migration und über deren Definition gibt, die Zielsetzung, die Tragweite und die Ausgestaltung des Konzeptes sind nach wie vor umstritten. Dabei lassen sich zwei Positionen unterscheiden: Zum einen eine entwicklungspolitische Position, die zirkuläre Migration als mehrfache Wanderung zwischen Herkunfts- und Aufnahmeland versteht. Der Nutzen dieser Migration wird im Transfer von Kenntnissen zwischen Aufnahme- und Herkunftsland gesehen. Erwartet wird auch, dass der Braindrain reduziert werden kann und dass die Diasporas sich stärker im Heimatland engagieren. Davon zu unterscheiden ist eine arbeitsmarkt- bzw. migrationspolitische Position. Ihre Verfechter verstehen zirkuläre Migration als einen befristeten Aufenthalt zu Arbeitszwecken, der nur begrenzt wiederholbar und durch klare Vorgaben und Kontrollverfahren geregelt sein soll. Der Nutzen wird in zwei Aspekten gesehen: als Beitrag zur Deckung des Arbeitskräftebedarfs, ohne dass Integrationskosten entstehen. Zirkuläre Migration wird in diesem Sinn als Substitut für dauerhafte Einwanderung verstanden. Des weiteren wird erwartet, dass zirkuläre Migration die Bemühungen um die Reduzierung der irregulären Migration unterstützen kann, indem Aufnahmequoten in Verhandlungen mit Herkunftsländern eingesetzt werden, um diese zur Unterstützung zu bewegen. Derzeit lässt sich noch nicht erkennen, welche Option die Mitgliedstaaten bevorzugen werden.

Fazit

Die kurze Übersicht über die EU-Migrationspolitik hat gezeigt, dass die Steuerung von Wanderungsbewegungen und der Umgang mit den Folgen ein komplexes Politikfeld ist und nur mit integrierten Konzepten gelingen kann. Ich denke, dass der Gesamtansatz Migration der EU-Kommission der richtige Weg ist, für den aber weiterhin bei den Mitgliedstaaten geworben werden muss.

Entscheidend für eine nachhaltige und umfassende europäische Migrationspolitik wird die Beachtung außenpolitischer, entwicklungspolitischer und auch menschenrechtlicher Aspekte sein. Die Migrationspolitik der vergangenen Jahre war sehr stark von innenpolitischen Aspekten, genauer: von Überlegungen zur Stärkung der inneren Sicherheit, geprägt. Hierfür gab es im Einzelfall zum Teil stichhaltige Begründungen. Für eine zukunftsgerichtete Politik, die versucht, einen Ausgleich zwischen Zuwanderungsdruck und Zuwanderungsbedarf zu finden, wird das aber nicht ausreichen.

Geregelte Migration wird auch im Zeitalter der Globalisierung und des angeblichen Machtverlusts der Nationalstaaten immer noch sehr stark von Staaten und ihren Interessen bestimmt. Diese müssen erkannt und verhandelt werden, und das erfordert meines Erachtens ein stärkeres Engagement der außenpolitischen Entscheidungsträger. Da es sich in der Regel um ressortübergreifende Probleme mit außenpolitischen Aspekten handelt, könnten die Außenressorts möglicherweise häufiger die Federführung bei der Ressortabstimmung übernehmen. Außerdem werden die Außenämter wegen der zunehmenden internationalen Mobilität noch mehr mit Visaerteilung und den damit zusammenhängenden Aufgaben befasst sein, und die Botschaften werden vielleicht in den betreffenden Ländern einen Beitrag leisten können, die Entwicklung nationaler Migrationsstrategien voranzutreiben. Und schließlich können die Vertretungen durch ihre Rückmeldungen einen Beitrag zur Erkennung der dortigen migrationspolitischen Interessen leisten – und das wiederum wäre eine Voraussetzung für den Interessenausgleich, ohne den der Gesamtansatz Migration nicht möglich sein wird.

Das komplexe Problem der Migrationssteuerung kann man tatsächlich nur mit integrierten Konzepten bearbeiten. Die zirkuläre Migration sollte gefördert werden, und zwar im Sinne einer befristeten und wiederholten Zuwanderung. Zur Vermeidung eines Braindrain in den Herkunftsländern gibt es verschiedene Strategien, von denen die Selbstbeschränkung bei der Anwerbung von im Herkunftsland dringend benötigten Fachkräften ein zentraler Bestandteil ist.

Ein zentraler Punkt ist die Frage, wie Rückkehrer besser integriert werden können. In dieser Hinsicht gibt es aber bereits wertvolle Erfahrungen mit gelungen und gescheiterten Programmen, die für die künftige Politik systematisch evaluiert werden sollten. Das betrifft auch das Potenzial von Diasporas, die noch viel stärker angesprochen werden könnten, als es bisher der Fall war.

Entscheidend für eine umfassende und kohärente Migrationspolitik sind Konsultationen und Verhandlungen, in denen die Interessen der Verhandlungspartner angemessen berücksichtigt werden. Es gibt auch bei der Migrationssteuerung noch nicht ausgeschöpfte Handlungsmöglichkeiten. Gleichwohl sollten die Regierungen nicht die Vorstellung schüren, dass sich Migrationsprozesse vollständig steuern ließen. Wanderungen sind ein sozialer Prozess, und die entziehen sich zum Teil staatlicher oder anderer Steuerung. Das gilt insbesondere für die Verhinderung irregulärer Zuwanderung. Die kann mit einer abgestimmten Politik möglicherweise reduziert, nicht aber verhindert werden.

Schließlich sollten die europäischen Staaten – und das gilt nicht zuletzt für Deutschland – sich mit ihrer zunehmenden Heterogenität befassen. Es gibt überall Wachstumszentren, aber auch Regionen, Städte und andere Gebiete, die von der positiven wirtschaftlichen Entwicklung abgekoppelt sind. Ähnliches gilt für die Sozialstruktur und die Verteilung von Armut und Reichtum. In vielen EU-Staaten stehen die früheren Mittelsichten unter erheblichem wirtschaftlich und sozialen Druck, Ängste vor wirtschaftlichem Abstieg sind weit verbreitet. Die Liste der Beispiele für zunehmende Heterogenität ließen sich lange fortsetzen, nicht zuletzt in Hinblick auf religiöse Orientierungen und Wertvorstellungen.

Für die Migrationspolitik ergeben sich auch daraus zahlreiche Fragen, die bislang noch nicht einmal ansatzweise diskutiert sind: Wenn die Gesellschaften in vielerlei Hinsicht heterogener werden, was bedeutet das dann für die Integration von Zuwanderern, deren Zahl in Zukunft mit Sicherheit steigen wird?

Wie realitätsbezogen ist denn nun unsere Migrationspolitik? Was mir persönlich die größten Sorgen bereitet, ist, dass unsere migrationspolitische Debatte weit an den demografischen Realitäten vorbeigeht. Wir werden in Europa künftig einen erheblichen Teil unserer Bevölkerung verlieren. Ich glaube, dass wir diese Entwicklung bislang nicht hinreichend wahrnehmen und dass wir auf diese Herausforderung überhaupt nicht vorbereitet sind, in Hinblick auf die benötigte Zuwanderung, die zunehmende kulturelle und soziale Heterogenität und die damit verbundenen unterschiedlichen und möglicherweise gegensätzlichen Lebensentwürfe. Ein Kollege aus Asien hat einmal zu mir gesagt: „Europa wird entweder vielfältiger – oder es wird ärmer werden."

Post scriptum

Noch ein paar Worte zum Konzept von zirkulärer Migration. Weil, ich bin mir sicher, dass dieser Begriff wird uns doch die nächsten Jahre noch ständig begleiten und es ist, glaube ich, ganz gut, von Anfang an die Begriffe ein bisschen zu präzisieren. Also, eigentlich kommt dieser Begriff aus der Soziologie, aus der Entwicklungssoziologie oder aus der soziologischen Migrationsforschung. Da haben nämlich in den 70er Jahren einige Kollegen mit Blick auf Afrika festgestellt, als sie sich die Wanderungsbewegung angesehen haben, da finden ja kreisförmige Wanderungsbewegungen statt. Die Menschen dort wandern nicht von A nach B und bleiben da oder gehen wieder zurück, sondern die gehen von A nach B, vielleicht nach C, nach D, dann wieder nach B usw. Das war also zunächst mal nichts anderes als eine empirische Feststellung von Migrationsbewegungen. Und dann ist das sozusagen auf der Ebene auch geblieben, es war eine wissenschaftliche Feststellung. Und dann ist das übernommen worden, jetzt bestimmt auch schon vor zehn Jahren von verschiedenen UN-Einrichtungen und dann von der EU, und zwar im Sinn von Mobilität, Mobilitätsförderung, also als politisches Konzept. Als Antwort, erst mal, natürlich auch als empirische Feststellung, dass es ist im Zeitalter der billigen Transportmöglichkeiten leichter ist, eben verschiedene Wanderungsbewegungen aneinander anzuschließen usw., als Feststellung auch da aber dann zuerst mal als Konzept. Und die Idee war eben, ja, wenn das so ist, die Transportmöglichkeiten, die Kommunikationsmöglichkeiten so viel besser sind, können die Leute auch sehr viel leichter solche Wanderungsbewegungen machen. Und dann wurde überlegt, welche Konsequenzen es haben könnte. Und sozusagen die Idee war, oder der Vorschlag war, so was zu fördern, um eben im Sinne von verstärkter Mobilität auch Entwicklungsimpulse daraus ziehen zu können. Das war, sozusagen, der EU-Vorschlag. Dann haben wir vor Kurzem, also, es ist noch nicht so lange her, erst eineinhalb Jahre, eine neue Auflage dieser Diskussion bekommen durch dieses schon zitierte Schäuble/Sarkozy-Initiative, die den Begriff genommen haben, den aber umdefiniert haben, und zirkuläre Migration als was verstanden haben, oder als etwas propagiert haben, was sozusagen sehr dem früheren Gastarbeitermodell in Deutschland entspricht, also, befristete Zuwanderung und dann anschließend auf jeden Fall und definitive Rückwanderung. Und die Zielsetzungen dieser beiden unterschiedlichen Konzepte liegen nun auf dem Tisch und die Zielsetzungen sind sehr unterschiedlich. Also, wahrend es in dem ersten Konzept, was von UN, was von EU usw. vertreten wird, auch immer um entwicklungspolitische Aspekte geht, nämlich um die Frage, wie wirkt es denn eigentlich zurück, was können wir denn sozusagen mit der Förderung von solchen Wanderungsbewegungen für die Herkunftsländer tun, ist es bei der innenpolitischen Sichtweise, bei dieser Schäuble-Sichtweise was anderes. Da geht es um die Eindämmung von irregulärer Wanderung. Und das Instrument, um die zu reduzieren, ist eben, dass den Herkunftsländern, möglicherweise auch Transitländern, bestimmte Gegenleistungen angeboten werden, wenn die ihre Grenzkontrollen verschärfen. Es ist eine völlig andere Zielsetzung als das, was mit diesem entwicklungspolitischen Ansatz verbunden wird. Und das Problem ist, dass diese beiden Ansätze jetzt in der politischen Debatte durcheinander gehen und jeder von zirkulärer Migration redet, aber eben genau das Gegenteil davon versteht. Dem kommt man nur bei, wenn man präzise sagt, was man eigentlich darunter versteht.

Das Konzept ist natürlich auch für Innenpolitiker extrem attraktiv, weil, die wissen sehr genau, dass mit diesen üblichen Rückführungsprogrammen im Endeffekt doch nicht so viel zu erreichen ist. Rückführungsprogramme, wenn es denn sozusagen um gewaltsame Rückführung geht, um Abschiebung geht, sind extrem kostspielig, die sind politisch schwer durchzusetzen, weil die natürlich auch jede Menge Unterstützer auf den Plan rufen und extrem unattraktiv für Politiker durchzuführen sind. Deshalb quasi dieser Umweg über den entwicklungspolitischen Gedanken und wenn ich das zuspitzen wollte, würde ich sagen, da werden entwicklungspolitische Aspekte missbraucht für innenpolitische Aspekte. Im Prinzip ist natürlich die Förderung von Mobilität eigentlich der Schlüssel für viele unserer Probleme, auch für viele entwicklungspolitische Probleme. Es geht um Mobilitätsförderung. Und wenn ich mich für das Konzept ausspreche und für so ein entsprechendes Instrument wie Mobilitätspartnerschaften, wenn sie dann vernünftig gemacht sind, dann mach ich das aber mit einer Warnung. Die Warnung lautet, man sollte nicht in den Wahn verfallen, dass sich Migrationsprozesse komplett steuern lassen. Es ist ein sozialer Prozess und ob Leute sich nach mehreren Jahren Aufenthalt entschließen, in dem Land zu bleiben, oder zurückzugehen, oder in ein drittes Land zu gehen, das muss diesen Menschen überlassen werden. Das entzieht sich staatlicher Steuerung. Und jeder Innenpolitiker oder auch jeder Außenpolitiker, der propagiert er hätte dafür das Instrument solche Wanderungsbewegungen definitiv zu steuern und so zu gestalten, wie er sich das vorstellt, der ist entweder naiv oder er lügt. Eine andere Möglichkeit sehe ich nicht. Man muss sehr vorsichtig sein bei der Steuerbarkeit von Wanderungsprozessen. Das sind immer noch menschliche und gesellschaftliche Prozesse.

Ich durfte ja auch im Zuwanderungsrat mitarbeiten und einer der Vorschläge war das Punktesystem. Das war der Ansatz, das war ein humankapitalorientierter Ansatz, der sozusagen von der Person des Zuwanderers ausgegangen ist, und der gesagt hat, wenn ein Zuwanderer bestimmte Qualifikationen oder bestimmte Eigenschaften hat, persönliche Eigenschaften hat, eine bestimmte Ausbildung, Sprachkenntnisse, vielleicht auch seine Familie mitbringt, wenn wir denn demografische Kriterien haben wollen, dann, ja dann soll er kommen. Und zwar unabhängig davon, ob er hier schon einen Arbeitsplatz hat oder nicht. Und die Idee, die dahinter steht, ist, jemand, der diese Qualifikationen hat, wird es sicherlich schaffen, hier einen Arbeitsplatz zu finden. Und die Wahrscheinlichkeit, dass er damit erfolgreich wird, wenn er diese Kriterien erfüllt, ist höher, als die Wahrscheinlichkeit des Scheiterns. Das ist die Idee des humankapitalorientierten Ansatzes. Wie Sie wissen, ist das gescheitert in den Koalitionsverhandlungen in der Endphase des Zuwanderungsgesetzes. Und das Gesetz hat da, wo dieser Paragraf drinsteht, heute eine Lücke. Ja, da steht Paragraf 75, da steht aber nichts drunter. Der Paragraf ist leer. So, und jetzt ist ganz interessant zu sehen in der aktuellen politischen Debatte, jetzt kommt die eine oder andere Fraktion und die eine oder andere Partei nun doch wieder auf die Idee, noch mal zu gucken, was vor fünf oder sechs Jahren vorgeschlagen worden ist und zieht die alten Vorschläge wieder raus. Und meine persönliche Prognose ist, wir werden noch in den nächsten zwei Jahren erleben, dass die eine oder andere Partei genau mit diesen Vorschlägen wieder kommt. Und wenn das gemacht wird, wenn es gut gemacht wird, ist es eine sehr positive Sache, die eben auch, sozusagen im Sinne von geregelten, von transparenten Kriterien, ein bisschen Druck auch von der regulären Zuwanderung nehmen kann. Das heißt, ich bin nicht so naiv zu sagen, das wird also irreguläre Zuwanderung verhindern, das werden wir nicht können. Aber, es wird zumindest für diejenigen, die ernsthaftes Interesse haben, die begründete Hoffnung schüren, auf legalem Wege das zu erreichen, was sonst unter größtem persönlichen Risiken auf illegalem Weg erreicht werden müsste, nämlich zum Beispiel mit so einem Boot über das Mittelmeer zu schippern oder auf die Kanarischen Inseln unter Todesgefahr zu gelangen. Das ist meine Hoffnung und ich glaube, das ist nicht ganz unrealistisch.

Wir sollten nicht so tun und dazu haben wir immer noch eine starke Tendenz, als wenn wir ein homogenes Land seien. Alle Indikatoren, die man so auf den Tisch kriegt, auch die demografischen Indikatoren sagen eigentlich das Gegenteil. Ja, wir haben Wachstumszentren, wir haben Regionen und Städte und andere Gebiete, die abgehängt werden. Die wirtschaftliche Realität bei uns und die soziale Realität sieht doch sehr heterogen aus. Wenn das so weiter geht, muss man sich natürlich auch fragen, wer sind denn eigentlich die Akteure in der Migrationspolitik? Ich komme mal zurück auf die Analysen von Saskia Sassen, die schon vor vielen, vielen Jahren analysiert hat, wer sind denn eigentlich die Triebkräfte für wirtschaftliche Entwicklung global, und von Global Citys gesprochen hat, die inzwischen sehr viel wichtiger sind als ganze Länder. Städte wie Los Angeles, New York, London usw. Und wenn man das mal weiter denkt, muss man auch fragen, müssen Städte, Regionen und möglicherweise auch Bundesländer hier in Deutschland nicht eine größere Rolle in der Migrationspolitik spielen in Zukunft? Zum Beispiel, wenn wir so etwas wie zirkuläre Migrationsprogramme auflegen wollten, müsste es dann nicht auch Quoten für Bundesländer geben, wo ein bestimmtes Bundesland, zum Beispiel Hessen oder Niedersachsen, die also wirtschaftlich stark sind, eine eigene Quote bekommen?

Wie realitätsbezogen ist denn nun unsere Politik? Also, was mir wirklich Sorgen macht, ist, dass unsere migrationspolitische Debatte doch weit an den demografischen Realitäten vorbeigeht. Wir werden im Jahr 2040, 2050 jährlich etwa 600.000 Einwohner verlieren in Deutschland. Und ich glaube, davor machen wir die Augen zu und vor allem vor der Frage, wie soll denn eigentlich unser Land aussehen, wenn wir das an Zuwanderung haben sollten, was wir eigentlich brauchen. Wir sind überhaupt nicht darauf vorbereitet, was das an Heterogenität, sozusagen an kultureller Pluralität, an gegensätzlichen Lebensentwürfen mit sich bringen wird und wie wir uns als Deutsche dazu stellen werden. Ein Kollege aus Asien hat mir gesagt: Also, Europa wird entweder ethnisch vielfältig werden oder arm, und zwar wirtschaftlich arm.

Christiane Neuchel-Möllering

Welchen Realitätsbezug hat die Migrationspolitik?

Projekte des nordrhein-westfälischen Ministeriums für Generationen, Familie, Frauen und Integration im Rahmen Migration und Entwicklung

Der Zusammenhang zwischen demographischer Entwicklung, Integration und Migration wird in Nordrhein-Westfalen seit zwei Jahren erstmals in einem Ministerium behandelt, dem Ministerium für Generationen, Familie, Frauen und Integration (MGFFI). Es sollen nachfolgend die Politikansätze, Programme und Maßnahmen kurz dargestellt werden.

Die Landesregierung hat neue „Leitlinien der Entwicklungszusammenarbeit des Landes Nordrhein-Westfalen" entwickelt. Sie lösen die 14 Jahre alten, von der weltpolitischen Entwicklung und den globalen Umwälzungen längst eingeholten entwicklungspolitischen Leitlinien des Landes aus dem Jahr 1993 ab.

Mit den vorliegenden Leitlinien setzt die Landesregierung neue Maßstäbe. Die Entwicklungszusammenarbeit (EZ) wird jetzt wesentlich umfassender, intensiver und zielgerichteter betrieben. Dabei dienen uns die Millenniumsziele der Vereinten Nationen als Richtschnur. Armutsbekämpfung, die Verbesserung der Bildungschancen für die Menschen im Süden, die Gleichstellung der Geschlechter, die Bekämpfung der Kindersterblichkeit, die Verbesserung der Gesundheitsversorgung von Müttern, die Bekämpfung der großen Pandemien, der Umweltschutz sowie der Aufbau einer weltweiten Entwicklungspartnerschaft stehen dort im Mittelpunkt. Als wichtiger internationaler Wirtschaftsstandort und das deutsche Nord-Süd-Land stärken wir die Arbeit der Vereinten Nationen, indem wir die Zusammenarbeit mit den Experten der Entwicklungszusammenarbeit aus Nordrhein-Westfalen intensivieren. Dazu gehören neben den in Bonn ansässigen UN-Sekretariaten zahlreiche kirchliche Hilfswerke, Nicht-Regierungsorganisationen ebenso wie staatliche Organisationen mit ihren Leitungszentralen in Aachen, Duisburg, Essen, Köln, Wuppertal und nicht zuletzt in Bonn. Das Profil Bonns als internationalen Standort weiter zu schärfen und auszubauen ist ein weiteres Ziel der neuen Entwicklungszusammenarbeit Nordrhein-Westfalens.

Ein partnerschaftlicher Dialog wird auch unsere neue, mit dem westafrikanischen Staat Ghana am 5.11.2007 in Bonn unterzeichnete Partnerschaft prägen. Sie wird die bereits bestehende Partnerschaft mit der südafrikanischen Provinz Mpumalanga ergänzen. Das Abkommen mit Ghana umfasst mehrere Ebenen: wie Entwicklungszusammenarbeit, Wirtschaft, Energie, Infrastruktur, Wissenschaft, Bildung, Gender, Sport und Kultur. Teil der Vereinbarung ist es jede Form des bürgerschaftlichen Engagements zu unterstützen, wie z.B. den gemeinsamen Aufbau von Schulpartnerschaften, Städtepartnerschaften, Hochschulkooperationen, kirchliche Gemeindepartnerschaften sowie die Zusammenarbeit von Jugend- und Frauenorganisationen. Zum Beginn ihrer Zusammenarbeit werden sich die beiden Regierungen über die Durchführung von Pilotprojekten in den genannten Bereichen verständigen: In Ghana und NRW werden Experten eng zusammenarbeiten um Projekte und Initiativen innerhalb der Vereinbarung umzusetzen. In mehreren Workshops des MGFFI wird die ghanaische Diaspora in Nordrhein-Westfalen einbezogen.

Die Partnerschaft mit der südafrikanischen Provinz Mpumalanga wurde 1995, ein Jahr nach den ersten freien Wahlen dort, begonnen. Zu Beginn der Partnerschaft standen die berufliche Bildung, die Förderung kleiner und mittlerer Unternehmen und Jugend und Sport im Vordergrund. Die Landesregierung hat im Zusammenhang der Verabschiedung der neuen Leitlinien der Entwicklungszusammenarbeit des Landes Nordrhein-Westfalen im August 2007 beschlossen, die Zusammenarbeit bis nach der FIFA-Fußball-Weltmeisterschaft im Jahre 2010 fortzusetzen mit den Schwerpunkten: Gute Regierungsführung, Organisation der FIFA-Weltmeisterschaft, Gesundheit und HIV/Aids, Sport und Jugend-Förderung und Wirtschaftliche Entwicklung.

Zu weiteren Projekten:

Eine wichtige Diskussion ist derzeit die „zirkuläre Migration", das neue Modell der Blue Card ist Thema des übernächsten Panels: „Die europäische Dimension: Brain Gain durch die Blue Card?". Das MGFFI führt als Pilotprojekt ein zeitlich befristetes Fachkräfteprogramm namens „Mobilizing the African Diaspora for the Development of Africa (MIDA NRW) durch. Es handelt sich um ein Kooperationsvorhaben zwischen dem MGFFI und der Internationalen Organization for Migration (IOM), Brüssel. In dessen Rahmen soll Mitgliedern der afrikanischen Diaspora in Nordrhein-Westfalen aus der DR Kongo die Möglichkeit gegeben werden, für eine befristete Zeit in die Herkunftsländer zurückzukehren. Dadurch sollen ihre Erfahrungen und Fertigkeiten als z. B. Ingenieure, Ärzte, Wissenschaftler den örtlichen Behörden und Bildungseinrichtungen zur Verfügung gestellt werden. Es handelt sich hier um ein sowohl zeitlich als auch vom Umfang her begrenztes Projekt. Alle Fachkräfte kehren nach ca. 3 Monaten im Herkunftsland wieder nach Nordrhein-Westfalen zurück, ihr Aufenthaltsstatus wird durch das Programm nicht berührt. Nach Abschluss und Auswertung des Pilotprojektes ist ein weiteres Fachkräfteprogramm z.B. in Ghana möglich.

Eine der markantesten Auswirkungen der Migration für die Herkunftsländer sind die oft genannten Rücküberweisungen: Nach Erkenntnissen der Weltbank sind die Geldmengen, die von Migrantinnen und Migranten nach Hause geschickt wurden, heute fast dreimal so hoch wie die bilaterale und multilaterale staatliche Entwicklungshilfe. Von den 232 Milliarden erreichen 167 Milliarden die Entwicklungsländer. Die Weltbank geht davon aus, dass weitere 300 Milliarden außerhalb von Banken transferiert werden. Für viele Länder sind diese sog. Remittances die größte Einnahmequelle für ausländische Devisen, vor dem Export und Entwicklungshilfe. Länderstudien für die Philippinen, Guatemala und Mexiko haben gezeigt, dass diese Rücküberweisungen die Armut reduzieren und die Ausgaben für Bildung, Gesundheit und Investitionen erhöhen.

Damit aber kein Missverständnis entsteht: Diese Gelder sind private Initiativen und sollen keinesfalls die Entwicklungshilfe ersetzen oder schmälern.

Die Migranntinnen und Migranten können nicht nur finanziell durch ihre Rücküberweisungen in die Herkunftsländer, sondern in erster Linie durch ihre Erfahrungen und ihr Wissen als Multiplikatoren die Entwicklungsarbeit voranbringen.

Aus Sicht des nordrhein-westfälischen Integrationsministeriums steht die Integration der Migranten und ihre Funktion als „Brückenbauer" zu ihren Herkunftsländern im Fokus. Das MGFFI hat daher das „Gutachten zum entwicklungspolitischen Engagement der in NRW lebenden Migrantinnen und Migranten afrikanischer Herkunft" bei der Universität zu Bielefeld, Prof. Thomas Faist, unter besonderer Berücksichtigung des Gender-Aspektes in Auftrag gegeben. In dem Gutachten (GA) wird ein auf die Akteure bezogener Ansatz zugrunde gelegt, also die Perspektiven der Mitglieder und Repräsentanten von Migrantenselbsthilfeorganisationen (MSO's). Afrikanische Migrantinnen und Migranten sind bisher in Deutschland eher wenig – im Gegensatz zu Frankreich und Großbritannien – überhaupt als kollektive Akteure wahrgenommen worden, so dass über sie nur vergleichsweise wenige Daten bekannt sind. NRW genießt hinsichtlich der afrikanischen Migration in Deutschland eine Sonderstellung: Von den z.Zt. 275.000 afrikanischen Staatsangehörigen, die in Deutschland leben, entfällt ein Drittel, 92.000 Personen auf NRW. 41.300 Personen aus dieser Gruppe stammen aus Subsaharastaaten, die meisten aus der DR Kongo, Ghana und Nigeria.

Ein weiterer Schwerpunkt der Maßnahmen des MGFFI zur Stärkung der Position der Migranten in NRW sind Qualifizierungsmaßnahmen für Diasporagemeinden und Rückkehrerverbände in Zusammenarbeit mit der Fachstelle Migration und Entwicklung. Zum einen durch Multiplikatorenschulung: Das Angebot von Qualifizierungsseminaren richtet sich an Mitglieder afrikanischer Selbstorganisationen. Schwerpunkte sind Projektmanagement, Fundraising und Öffentlichkeitsarbeit. Zum anderen durch die Förderung einer eigenen Internetseite und Datenbank: zur Vernetzung und Unterstützung der Öffentlichkeitsarbeit afrikanischer Vereine erhalten die Vereine die Möglichkeit, ihre Arbeit und Ihre Aktivitäten einer größeren Öffentlichkeit vorzustellen. Die von der Fachstelle Migration und Entwicklung NRW, Eine-Welt-Netz NRW entwickelte Datenbank kann unter www.AFRIKA-NRW.net eingesehen werden.

Das Integrationsministerium will dem Thema Migration und Entwicklung eine breite Plattform geben. Eine besondere Veranstaltung ist in diesem Zusammenhang die Metropolis- Konferenz vom 27. bis 31. Oktober 2008 in Bonn (www.metropolis2008.org):

Nordrhein-Westfalen ist als Veranstalter für die Durchführung der 13th International Metropolis Conference im Rahmen des „International Metropolis Project" ausgewählt worden. Es handelt sich um ein Forum für den Expertenaustausch aus Forschung, Politik und Praxis im Bereich Migration und Diversity. Es werden ca. 900 hochrangige Vertreterinnen und Vertreter nationaler, regionaler Regierungen, internationaler Nichtregierungsorganisationen der Wissenschaft aus aller Welt für die

Konferenz in Bonn erwartet. Fachkräftemigration und ihr Beitrag zur wirtschaft-lichen Entwicklung sowohl der Herkunfts- wie auch die Aufnahmeländer, Integra-tion und kulturelle Vielfalt, Migration und Gender sowie „Climate Change und Mi-gration", sind einige der Themen, die im Vordergrund des Programms stehen wer-den.

Das MGFFI fördert aber auch einzelne entwicklungspolitische Projekte von in NRW lebenden Migrantengemeinden aus Entwicklungsländern: Beispiele für kon-krete Projekte mit Unterstützung der Gesellschaft für technische Zusammenarbeit (GTZ) und InWent sind, z.B. in

- Somalia: Bau eines Mütter-Kind-Krankenhauses in Puntland
- Guinea: Erweiterung der Dorfschule in Sempetin bei Labe
- Nigeria: Unterstützung der ländlichen Wirtschaftsentwicklung durch Tierzucht und Gemüseanbau.

Wir wollen uns da auch gerade als Bundesland stark positionieren. Aber, man darf sich über eine Situation auch nicht im Unklaren sein, nicht jedes dieser Projek-te kann in einem völligen Erfolg enden. Man muss selbstverständlich auch gerade bei Pilotprojekten, gerade auch wenn man neue Wege im Rahmen z.B. von Mo-dellen zirkulärer Migration versucht zu beschreiten, auch damit rechnen, dass man manchmal noch nachtarieren muss. Aber wir denken, dass man auf jeden Fall an-fangen muss. Und wenn es vielleicht früher auch hieß, ein Bundesland muss sich ja nicht unbedingt mit Entwicklungszusammenarbeit beschäftigen, das ist Sache des Bundes, so sehen wir heute, dass der Kreis der Akteure der Migrationsarbeit er-weitert werden muss und zwar nicht nur die Bundesländer, sondern zum Beispiel auch auf die Kommunen.

Karin Lutze

Welchen Realitätsbezug hat die Migrationspolitik?

Ich möchte mich dem zuwenden, was zwischen der internationale Ebene (Beitrag von Herrn Herr Dr. Angenendt) und der Bundesländerebene (Beitrag von Frau Neuchel-Möllering) liegt.

Um sich ein Bild von der gegenwärtigen Diskussion zur Migration zu machen, kann man durchaus auch mal in die deutsche Presse schauen. Wir haben versucht zu analysieren, mit welchen Überschriften das Thema dargestellt wird. Und das Ergebnis ist relativ erstaunlich, denn es wird wenig von Konflikten, wenig von negativen Assoziationen berichtet in den letzten Monaten. Man sieht sehr stark, dass die Diskussionen inzwischen auch die Frage behandeln, wie kann man Integration ermöglichen, wie kann man Begabte fördern, wie können Migrantenkinder schon von klein auf gefördert werden. Es erscheinen Schlagzeilen, wie „Zuwanderer sind die Zukunft". Auch Fragen, wie man z.B. mit Rücküberweisungen umgehen kann, spielten nun eine Rolle. Diese Schlagworte werden inzwischen in einer Diktion gebraucht, die gar nicht mehr so sehr in eine negative Richtung geht. Wir haben den Eindruck, dass das Thema Migration inzwischen ein positiveres Image hat bzw. dass man versucht, es in der deutschen Öffentlichkeit herzustellen. Es hat eine Reihe von Regelungen in Deutschland in den letzten Monaten gegeben, die nach unserer Wahrnehmung an den meisten vorbei gegangen zu sein scheint. Unter anderem die Neuregelung, dass es eine Lockerung der Arbeitsmarktzugangsbeschränkungen gibt für bestimmte Gruppen. In den Zusammenhängen der Arbeit unserer Organisation betrifft dies vor allem die ausländischen Studenten, die hier ihr Studium beenden und die bisher noch ein Jahr lang hier einen Job suchen konnten, aber dabei mit so genannten Auswahlbeschränkungen konfrontiert waren. Das hieß bisher, erst musste geprüft werden, ob ein Deutscher oder ein EU-Ausländer und dann erst ob ein Drittstaatenangehöriger den Zugang zu dieser freien Stelle bekommen kann. Diese „Vorrangprüfung" für ausländische Studienabsolventen in Deutschland wurde – kaum wahrgenommen von der Öffentlichkeit – Ende Oktober letzten Jahres aus der Welt geschafft.

Wir arbeiten u.a. im Programm „Rückkehrende Fachkräfte", das dafür sorgen soll, dass in Deutschland ausgebildete Fachkräfte zurückkehren. Eine Fachkraft ist man nicht nur allein durch ein Studium, sondern man sollte in der Regel auch noch Arbeitserfahrung haben, die man aber bisher in Deutschland im Wesentlichen als Absolvent nicht erwerben konnte. Für die ausländischen Studierenden kann diese Neuregelung einen enormer Vorteil für ihre berufliche Zukunft bringen. Sie können jetzt als Absolventen längerfristig Zugang zum deutschen Arbeitsmarkt haben, zunächst einmal für drei Jahre. Und wenn sie einen Arbeitgeber finden, der sie dann auch weiter beschäftigt, dann können sie durchaus auch für sich und ihre Familien eine Zukunft in Deutschland aufbauen. Das ist schon eine Konsequenz der Diskussion, die von der Öffentlichkeit kaum registriert wurde.

Und das Gleiche trifft zu für die Studiengänge Maschinenbauingenieure und Elektroingenieure aus den zwölf neuen EU-Ländern. Auch hier gibt es durchaus größere Lockerungen, um dem großen Bedarf des Handwerks und der Industrie auch ein Stück weit mehr gerecht zu werden. Soweit eine Seite der Realität von Zuwanderungs- und damit Migrationspolitik in Deutschland.

Das Thema lässt sich aber keinesfalls ausschließlich aus deutscher Sicht behandeln. Man muss auch die Frage eines komplexen und mehr globalen Ansatzes von Migrationspolitik – vor allem auf EU-Ebene verfolgen. Hier existiert bereits eine Vielzahl von Papieren und Dokumenten. Es gibt „Grünbücher", es gibt die Konferenzmaterialien von Tampere, Rabat, Tripolis und anderen Tagungen auf internationaler Ebene, die sich alle mit dem Themenkreis Migration, Zuwanderung, Integration sowie Migration und Entwicklungszusammenarbeit beschäftigen, und die zum Teil äußerst interessante Ansätze haben.

Ein wichtiger Auftakt war die Tampere-Konferenz im Jahr 1999. Dort ging es bereits darum, einen Gesamtansatz zu Migrationsfragen in der EU zu entwickeln, d.h. ein umfassendes europäisches Migrationskonzept. Wie ist dieser Prozess nun seit 1999 vorangekommen?

Es gibt inzwischen drei Jahresberichte, die von der EU jeweils zum Thema Migration und Integration verfasst wurden. Hier wird explizit davon ausgegangen, dass Einwanderung und Beschäftigungsentwicklung im Mittelpunkt stehen. Es wird hier gefordert, dass die Beschäftigungsanreize, die in der EU durch die Programme des Employment Departments gefördert werden, auch das Thema Integration und Zuwanderung einschließen.

Im ersten Bericht der EU wird u.a. die Anerkennung von Qualifikationen der Einwanderer gefordert. Es geht zugleich um die Stärkung von Politikinstrumenten, um die eine Arbeitsmarktzulassungspolitik – also die Festlegung eines gemeinsamen Herangehens zu Arbeitsmarktfrage, wie die verschiedenen EU-Staaten sich politisch positionieren, wie sie die Zulassung, die Zuwanderung in ihren Länder regeln wollen. Auch das ist eine durchaus schon seit 2004 bestehende Forderung. In diesem Bericht wird ebenfalls nachdrücklich festgestellt, dass die Integration der in den Ländern lebenden Zuwanderer bislang unzureichend ist. Zum Teil sind die Ansätze sehr eurozentristisch. Aus der Sicht der Drittländer, sprich – der Herkunftsländer von Migranten, werden in diesem Bericht noch keine Ansätze oder keine Meinungen aufgenommen.

Im zweiten Jahresbericht, der 2006 veröffentlicht wurde, wurde dann das Thema des Dialogs und der Zusammenarbeit – zunächst einmal mit afrikanischen Herkunfts- und Transitländern – vertieft. Erstmals kamen jetzt Aspekte zur Sprache, wie die Bekämpfung der wesentlichen Ursachen von Migration, nämlich Armut, Konflikte und Arbeitslosigkeit. Die Situation wurde nicht allein aus der Sicht des Arbeitskräftebedarfs der EU-Länder betrachtet, sondern auch unter dem Gesichtspunkt, dass mit der Schaffung von Arbeitsplätzen in Entwicklungsländern auch der Migrationsdruck auf die EU-Länder wesentlich verringert werden könnte.

Auch dieser Aspekt wurde aus unserer Sicht in der Öffentlichkeit wenig wahrgenommen und kaum diskutiert.

In dem Bericht wird auch benannt, in welchen Bereichen man kooperieren will – in den Überschneidungsbereichen zwischen Migration und Entwicklungszusammenarbeit. Entwicklungszusammenarbeit wird dabei aus unserem Blickwinkel nur eingeschränkt aufgenommen, denn Entwicklungsinhalte mit Bezug zur Migration sollte wesentlich über die genannten wie Braindrain, Diaspora und Geldüberweisungen hinausgehen.

Ein ganz wesentliches Thema ist und bleibt die illegale Migration. Obwohl es in den EU-Papieren nicht so sehr in den Mittelpunkt gestellt wird, ist dies ein entscheidendes Phänomen. Wenn es im Kontext zu Sicherheitsbedürfnissen in den EU-

Ländern um legale Migration geht, gibt es ganz konkrete Vorstellungen im EU-Rahmen, wie man die Zuwanderung bestimmter Gruppen von Einwanderern regeln sollte. Kaum entwickelt sind Vorstellungen, wie man die Rechtsstellung dieser legalen Migranten für die verschiedenen Länder oder für die EU klären sollte.

Das Thema der illegalen Zuwanderung wird bisher aus der EU-Perspektive, aber auch in den einzelnen Ländern wenig unter dem Blickwinkel tragfähiger Lösungsansätze diskutiert. Man beruft sich darauf, dass es Rückkehr und Rückübernahme geben müsse. Wie aber eine Reintegration in den Ländern funktionieren soll, wird nicht angesprochen. Wie kann jemand, der „rückübernommen" wurde, ob nun freiwillig oder halb gezwungen oder ganz gezwungen, wie kann ein solcher Mensch in dem Land so integriert werden, dass er auch einen Beitrag zur Entwicklung dieses Landes leisten kann?

Wenn dies nicht nur plakative Wunschvorstellung bleiben soll, ist die Entwicklung adäquater Programme auf Landes- und EU-Ebene erforderlich. Man beruft sich in den EU-Papieren häufiger darauf, dass man die Entwicklung von weiterreichenden Programmen davon abhängig macht, ob ein Land bereit ist, sogenannte Rückübernahmeabkommen abzuschließen. Zur Palette der Länder, die ein Rückübernahmeabkommen abgeschlossen haben, gehört z.B. Hongkong. Hier gibt es sicher gerade nicht so einen hohen Rückübernahmebedarf. Es sind aber auch Russland, Weißrussland usw., wo die Situation schon anders ist. Es gibt natürlich auch ganz viele Länder, die sich bisher nicht bereit erklärt haben, solche Rückübernahmeabkommen abzuschließen. In gewissem Maße ist es schon eine Drohung, auch wenn es nicht so formuliert ist, wenn man diesen Ländern klar macht, dass die Frage der Finanzierung von Entwicklungszusammenarbeit von der Bereitschaft abhängt, sich über Fragen illegaler Zuwanderung und Rückübernahmeabkommen zu verständigen. Bei Fortführung dieser Diktion besteht die Gefahr, dass positive Effekte eines Zusammenlesens von Migration und Entwicklung verloren gehen und ebenso die Bereitschaft der Entwicklungsländer sich diesem Thema zu stellen.

Integration und interkultureller Dialog ist ein weiterer Schwerpunkt. Es wird im EU-Kontext hervorgehoben, dass man in den Diskussionsprozess jetzt viel stärker diejenigen beziehen will, die die Akteure sind, also auch die Migranten selbst. Auch dies sehen wir als neuen und zu unterstützenden Akzent im Diskussionsprozess.

Der dritte Jahresbericht umfasst die Zeit bis Juni 2007. Aus der dort vorgenommenen Analyse der Entwicklung in den letzten Jahren werden Fortschritte in der Differenziertheit der Betrachtung des Themas Migration deutlich erkennbar. Es ist interessant nachzuvollziehen, dass Grundprinzipien sich wieder finden, die man in Deutschland für den Integrationsprozess definiert und versucht hat umzusetzen. Alles, was Sprachkompetenz, berufliche Qualifizierung und Integration in den Arbeitsmarkt betrifft, ist dort behandelt.

Diese Grundlagen sind in der EU durchaus nicht nur von den Kommissionen festgelegt worden, sondern sie wurden mit den entsprechenden Mitgliedsländern diskutiert und ausgehandelt. Die Umsetzung in Deutschland ist dementsprechend auch im Ausdruck der Umsetzung von EU-Standards.

Ausgehend von den dargestellten Entwicklungstendenzen in den programmatischen Papieren der EU möchte ich abschließend kurz eingehen auf die Umsetzung.

In dem neuen Rahmenprogramm „Solidarität und Steuerung der Migrationsströme", das Schwerpunktprogramm ist, sieht man ganz deutlich, dass der wesentliche Teil der Mittel für den Schutz der Außengrenzen eingeplant ist – allein 1,8 Milliarden von insgesamt vier Milliarden. Eine weitere Neuordung betrifft den „Rückkehrfonds", den „Flüchtlingsfonds" und den „Integrationsfonds". Die ebenfalls neu geschaffenen thematischen Programme, die den Bezug zur Entwicklungszusammenarbeit herstellen sollen, konzentrieren sich auf ein so genanntes Migrationsroutenkonzept. Das geplante Budget favorisiert eine bestimmte Richtung – die südliche Migrationsroute. Das sind in der Regel die afrikanischen Länder, wo der „Bedrohungscharakter der Zuwanderung" am stärksten im Fokus steht. Wenn man dieses Budget vergleicht mit den anderen genannten Fonds, ist es stark begrenzt. Ein eindeutiger entwicklungspolitischer Bezug wird durch die Kommission bei anderen Budgets gesetzt, so bei einem Teil des europäischen Entwicklungsfonds, schließlich mit verschiedenen geografisch orientierten Fonds, mit denen man auch vor Ort, d.h. in den Entwicklungsländern, in den Bereichen Infrastruktur, Gesundheitswesen usw. bestimmte Veränderungen unterstützen will. Im Hinblick auf die Integration von Zuwanderern gibt es verstärkte Forderungen, auch hier Mittel einzusetzen. Mit der Budgetlinie „Progress" wird die Nachfolge des EQUAL-Programms finanziert. Im Vergleich zum Aufwand für den Schutz der Außengrenzen sind die Mittel knapper bemessen.

Zusammenfassend ist festzustellen, dass das EU-Konzept alle relevanten Bereiche der Migration erfasst. Es wird allerdings nichts für die Bekämpfung der Migrationsursachen getan. Es tut aus unserem Blickwinkel nichts im Bereich unterstützender Arbeitsmarkt-Reintegration

Am Ende wird man die Funktionsfähigkeit des Konzeptes daran festmachen müssen, wie die Umsetzung auf jeweils auf der nationalen Ebene voranschreitet. Und da liegt der eigentliche Knackpunkt. Man kann lange über Blue Card, über Entwicklungszusammenarbeit usw. diskutieren, aber in der nationalen Politik der Mitgliedsländer bewegt sich am allerwenigsten. Bei der Frage Migrations- und Entwicklungskonzept muss man natürlich immer schauen, wer sind eigentlich die Akteure? Ohne hier intensiver darauf einzugehen, erscheint es doch manchmal so, als ob nur die Politik zum Migrationsmanagement Stellung nimmt und gefordert ist. Aber wenn man genau hinschaut, dann sind es noch viele weitere Akteure, die hier beteiligt sind. Es sind in jedem Fall die Migranten selbst, die Wirtschaft, die Wissenschaft, die NGOs. All diese haben bestimmte Interessenlagen. In der Öffentlichkeit werden diese Interessenlagen entweder kaum diskutiert oder aber kaum wahrgenommen.

Der zweite Punkt, der in der Diskussion sehr defizitär erscheint, sind die Interessenlagen der Entsendeländern. Auch dort gibt es ja nicht nur eine politische Ebene, die zur Zusammenarbeit und zum Handeln herausgefordert ist. Auch dort gibt es die potenziellen Migranten, es gibt NGOs, es gibt Wissenschaft, Wirtschaft usw., die zur Meinungsbildung aufgerufen sind. Aber wer von uns hat Kenntnis von deren Meinung? Wie äußern sich die Wirtschaftsvertreter der so genannten Entsendeländer eigentlich zu Migrationsphänomen und Abwanderung?

Zum einen erscheint das Kohärenzprinzip zwischen den verschiedenen Akteuren kaum erforscht und noch nicht hergestellt. Es gibt sehr viele Ebenen, nationale, europäische, internationale Ebenen, auf denen ein politischer Diskussionsprozess in Gang gesetzt ist. Es gibt Konsultationen zwischen den EU-Mitgliedsländern und Drittstaaten. Es gibt auch einen ersten Anstoß, bei dem noch am meisten Handlungsbedarf besteht, das ist betrifft den Diskussionsprozess zwischen den Akteuren der Gesellschaft in den Herkunfts- und in den aufnehmenden Ländern.

Torsten Moritz

Welchen Realitätsbezug hat die Migrationspolitik?

Ein Diskussionsbeitrag

Ich arbeite für die Kommission der Kirchen für Migranten in Europa in Brüssel und wir haben ein Teil dieser EU-Papiere durchaus intensiv begleitet. Deswegen, noch mal zur Einschätzung, es ist mir wichtig, dass wir ein Gefühl dafür bekommen, jetzt schon, wir werden heute Abend noch mal darauf eingehen, was sich zurzeit an wichtigen Umbrüchen tut. Wir haben seit 1999 Asyl- und Migrationsfragen als Gemeinschaftskompetenz in der EU, das heißt, ein relativ neuer Bereich. Bislang hat es immer freundliche Papiere gegeben, die einen ganzheitlichen Ansatz vertreten haben und dann Gesetzgebungsverfahren, die gesagt haben, deswegen machen wir die Grenzen dicht. Also, um es mal ganz deutlich zu sagen, die Integrationsberichte sind schön und nett, aber, das sind die Sonntagsreden. Die Politikmaßnahmen, die vorgelegt worden sind im Bereich Arbeitsmigration, sind bislang auf Grund gelaufen. Wir haben jetzt zum ersten Mal mit dem Bluecard-Richtlinienentwurf und der Rahmenrichtlinie ein Instrument, das sagt, „Wir als Europa wollen gemeinsam regeln, unter welchen Bedingungen Leute hier reinkommen können". Ich werde dazu heute Abend Genaueres sagen, aber es ist mir wichtig, dass wir diese Runde hier verlassen mit dem Gefühl, es tut sich zurzeit was. Das, was bisher in allen intelligenten Papieren, auch der Kommission, beschrieben worden ist, aber dann schließlich im Archiv und im Reißwolf landete, das wird zum ersten Mal versucht, in eine reale Art der Politik umzusetzen. Wie das ausgehen wird, wird man sehen müssen.

Was braucht die Wirtschaft?

Heinz G. Rittmann

Was braucht die Wirtschaft?

Ich bin Mitarbeiter bei den Baugewerblichen Verbänden (Düsseldorf). Seit 1999 beschäftigten wir uns als Verband mit den wirtschaftlichen Möglichkeiten für kleine
und mittlere Unternehmen in Afrika. Alle meine Erläuterungen beziehen sich ausschließlich auf kleine und mittelgroße Unternehmen des Baugewerbes. Dabei haben wir/unsere Betriebe natürlich primär wirtschaftliche Interessen. Ich werde im
Folgenden anhand von Folien unabdingbare Voraussetzung für das wirtschaftliche
Engagement in Entwicklungsländern in einem Phasenmodell vorstellen.

Die Baugewerblichen Verbände (Düsseldorf) haben rund 5.000 Mitgliedsbe-
triebe auf freiwilliger Basis. Darunter sind derzeit rund 40 Betriebe, die mit afrikanischen Partnern zusammenarbeiten. Unsere Mitglieder verbauen in NRW rund drei
Milliarden Euro pro Jahr. Insgesamt beschäftigen sie ca. 25.000 Mitarbeiter. Wir sind
Arbeitgeberverband, technischer Verband und Wirtschaftsverband. Es gibt bei uns
u.a. folgende Abteilungen: Betriebswirtschaft und Volkswirtschaft, Aus- und Weiterbildung, Arbeitsschutz, Arbeitssicherheit, Umweltschutz, Technik und natürlich Aus-
landsbau bzw. neue Märkte. Wir haben uns vor einiger Zeit die Frage gestellt, wo
ist überhaupt noch Potenzial für unsere Baubetriebe. Daraus resultierte dann die
Beschäftigung mit Auslandsmärkten. KMU verkörpern in Deutschland das Rückgrat
der Wirtschaft („backbone of the German economy"). Die Größen- und Umsatz-
verteilung entnehmen Sie bitte den entsprechenden Folien.

Wo arbeiten wir? Es sind die gleichen Geschäftsfelder, in denen wir auch in
Afrika arbeiten bzw. arbeiten könnten: Schienenverkehrsbau, Straßen- und Tiefbau,
erneuerbare Energien, Energieeinsparung, Holzbau, Hochbau, klassische Struktu-
rierung, Wasserversorgung, Wasserentsorgung, Wasserbau, Kläranlagen, Inge-
nieurbau usw.

Zur Frage „KMU-Betriebe aus NRW und wirtschaftliches Engagement in Entwicklungsländern": Sie haben gesehen, dass die klassischen Betriebe mit einem bis

neun Mitarbeitern bei den Baugewerblichen Verbänden (Düsseldorf) organisiert sind. Mit einigen dieser Betriebe arbeiten wir bereits in Kamerun, Madagaskar und Nigeria. Vor kurzem wurde ebenfalls eine Präqualifikation für eine Baumaßnahme in Guinea geschafft. Wir haben mit Ghanaischen Unternehmern Letter of Intends und Memorandi of Understanding unterzeichnet. In Äthiopien arbeiten wir im Elektrobereich und im Bereich der Erneuerbaren Energien. In Burkina Faso und Tansania sind wir ebenfalls dabei, erste Schritte zu unternehmen. Warum? Das wirtschaftliche Potential für Bauprojekte in Afrika ist interessanter. Wenn Sie heute in NRW, einen guten Betrieb haben, dann erwirtschaften Sie eine betriebswirtschaftliche Rendite von ca. zwei Prozent. Damit stellt sich doch die Frage, bringe ich das Geld nicht besser zur Bank!? Und in Afrika sind zweistellige Umsatzrenditen möglich.

Welche Dienstleistungen erbringt der Verband? In Abhängigkeit von dem jeweiligen Projekt suchen wir Partner aus NRW oder auch Deutschland, die für diese spezielle Bauausschreibung oder für dieses entsprechende Bauprojekt geeignet wären. Für unsere Betriebe vollkommenes Neuland war z.B. das Thema Präqualifikation. Die Betriebe müssen sich präqualifizieren, das heißt, sie müssen ihre technische und wirtschaftliche Leistungsfähigkeit dem Auftraggeber beweisen. Und die Erstellung des Angebotes für ein Projekt in Afrika kann man nicht auf Deutsch machen. Auch dabei unterstützt unser Verband die Firmen, ebenso bei Fragen von Garantien und Bürgschaften. Natürlich machen wir auch Lobbyingarbeit für unsere Betriebe hinsichtlich bestimmter „Reibungspunkte" mit Botschaften, mit Banken, mit Entwicklungsorganisationen usw..

Und wir beschaffen auch weitere zusätzliche finanzielle Mittel z. B. für Qualifizierungsmaßnahmen für die lokal beschäftigten Mitarbeiter, denn unsere Betriebsinhaber kennen sich in dem Förderdschungel natürlich nicht aus. Da können wir als Verband viel helfen. Und dann sind alle Seiten zufrieden, die Afrikaner, die Deutschen und auch die Geberorganisationen, weil diese dann anschließend vernünftige Projekte haben. In Kamerun ist die Zusammenarbeit auf allen Ebenen inzwischen am weitesten fortgeschritten ist. Ende Februar werden deutsche Firmenvertreter mit kamerunischen Partnern eine neue Aktiengesellschaft für den Straßenbau in Kamerun gründen.

Wo liegen nun die Motive für Joint Ventures? Natürlich im kommerziellen Erfolg. Ohne vernünftiges Projekt mit einer vernünftigen Perspektive brauchen wir gar nicht anzufangen. Rendite und Risiko müssen in einem vernünftigen d.h. akzeptablen Verhältnis zueinander stehen. Für den afrikanischen Partner sind natürlich auch Know-how-Transfer, Qualifizierung, Kapitalbeteiligung, Maschinenausstattung äußerst wichtig. Internationale Geberorganisationen sehen Know-how-Transfer, Beschäftigung, Investments und Infrastruktur als positive Aspekte von Joint Ventures.

Wir bzw. unsere Betriebe arbeiten immer in partnerschaftlichen Verhältnissen (= Joint Ventures) mit den Afrikanern. Die afrikanischen Partner kennen die entsprechenden kulturellen, wirtschaftlichen und politischen Hintergründe in ihren Ländern. Bis wir auch nur ansatzweise begriffen haben, wie das dort läuft, haben wir in der Zwischenzeit schon drei Projekte verloren. Das ist einer der stärksten Vorteile der afrikanische Partner, ebenso wie ihre Kontakte zu den lokalen Marktteilnehmern. Sie wissen, wo ist ein vernünftiger Wirtschaftsprüfer, sie kennen die lokalen Zulieferer bezüglich Bitumen, Beton oder Zement. Und – last but not least – wissen die afrikanischen Partner frühzeitig Bescheid über Projekte. Wenn das endlich in den BFAI-News steht, dann ist es quasi meistens schon gegessen, da zu spät. Und die Partner wissen natürlich Bescheid über die lokalen Sektorkonditionen. Interessant ist, wenn Sie in Afrika Maschinen haben wollen, sei es im Kauf oder im Leasen. Beides ist teurer als in Deutschland. Auf der anderen Seite haben Sie natürlich ein ziemlich niedriges Lohnniveau. In Äthiopien verdient ein normaler Bauarbeiter, männlich, 75 Cent. Ein Drittel der Bauarbeiter sind Frauen, die verdienen dann noch mal 25 Cent weniger. Und davon müssen sie dann auch noch leben – sofern das überhaupt zu diesen Bedingungen überhaupt möglich ist.

Stärken des deutschen Partners in solchen Joint Ventures sind technische und organisatorische Fähigkeiten sowie der Zugang zu Bürgschaften. Wir haben festgestellt, dass die Afrikaner an die internationalen Projekte nicht herankommen, weil die zu groß sind bzw. weil entsprechende Bürgschaften verlangt werden. Und das ist dann in der Regel unser Part. Ebenso wie der Bereich der Beschaffung adäquater Maschinen. Adäquate Maschinen deswegen, weil man nicht den neuesten High-tech-Fuhrpark braucht, der sowieso relativ schnell kaputt geht, gerade unter afrikanischen Bedingungen. Aber es darf auch nicht der letzte Schrott sein. Deswegen sagen wir „adäquate Maschinen".

Warum sind 1+1=3? Einfache Antwort: wir, d. h. die Afrikaner und die Deutschen, erreichen gemeinsam mehr, als jeder für sich einzeln. Dies wird als Synergie bezeichnet. Bisherige Erfahrungen mit Joint Ventures zeigen Folgendes:

1. Betriebswirtschaftlicher Erfolg für beide Seiten,
2. die Qualität der afrikanischen und deutschen Mitarbeiter wird verbessert,
3. die Qualität der afrikanisch-deutschen Betriebe wird verbessert hinsichtlich betriebswirtschaftlicher Kennzahlen und der Qualität der in Joint Ventures eingesetzten Mitarbeiter,
4. es wird ein Beitrag insbesondere zur Entwicklung des afrikanischen Staates geleistet.

Ein negativer Aspekt: Wir haben derzeit mehr Nachfrage nach Joint Ventures aus Afrika, als wir derzeit eigentlich können. Generell haben wir als Verband ein Phasenmodell für die Entwicklung von Bauprojekten in Afrika entwickelt.

Auf einige wichtige Aspekte sei an dieser Stelle hingewiesen:

Der erste wichtige Punkt ist: Es gibt nicht „die Wirtschaft". Wir haben ganz andere Voraussetzungen oder wir brauchen ganz andere Bedingungen, als beispielsweise eine multinationale Firma wie Henkel aus Düsseldorf. Henkel interessiert sich für Marktgröße, Marktpotenzial und ähnliche Kriterien. Ich denke, die werden sich garantiert nicht in Benin und in Togo mit Produktionsstätten engagieren. Für uns ist dagegen unter Umständen ein einzelnes Projekt bzw. eine einzelne Baumaßnahme interessant. Guinea ist so ein Beispiel, das ist ein kleiner Markt, aber wir haben auch eine interessante Baumaßnahme. Wenn wir jetzt einen vernünftigen Partner finden, mit dem wir dieses Projekt realisieren, dann kann im nächsten Schritt auch über eine weitere Niederlassung diskutiert werden.

Für beide Seiten interessant und wesentlich sind Seriosität und realistische Erwartungen. Wir packen im ersten Schritt der Zusammenarbeit nicht nur Geld hin. Auch der Partner aus Afrika muss sich – abgestimmt auf seine Möglichkeiten – engagieren. Auf der anderen Seite haben wir uns auch schon von Unternehmern aus beiden Kontinenten getrennt, wenn es keine Ehrlichkeit gab. Es darf keine Vorurteile und Vorverurteilungen auf den beiden Seiten geben.

Afrika hat Potenzial. Es ist dort nicht einfach, aber Rendite und Risiko stehen in einem vernünftigen Verhältnis. Und das ist für uns wichtig. Für eine Präqualifikation mit Angebotsabgabe müssen Sie ca. 15.000 Euro auf den Tisch legen, Unternehmensgründung, GmbH & Co. KG kriegen Sie auch nicht umsonst und eine Aktiengesellschaft mit z.B. 500.000 Aktienvolumen müssen Sie auch erst mal schultern. Auf der anderen Seite muss man natürlich auch sehr vorsichtig sein, dass Sie eben nicht in chancenlose Investments reinlaufen. Es muss Bereitschaft geben, Risiko und Kosten gerecht zu verteilen. Wir sagen auch unseren potentiellen afrikanischen Partnern z.B.: Jetzt musst du auch mal nach Deutschland kommen. Dann wollen wir sehen, ist der dazu finanziell in der Lage. Denn in der ersten Phase können Sie noch nicht erkennen, hat der potentielle Partner Geld auf dem Konto, in der Tasche oder wo auch immer. Wir fordern dann eben auch mal etwas ein, z.B. dass die Partner mal hier her kommen, dass sich die Reisekosten z.B. auch etwas gerechter verteilen. Das darf man nicht überstrapazieren, aber seinen Möglichkeiten entsprechend muss eben der Partner auch ein gewisses Maß Risiko mittragen.

Fremdsprachenkenntnisse sind wichtig. Wir ermutigen unsere Mitglieder entsprechende Sprachen zu lernen und natürlich ist es sehr schön, wenn – wie in Kamerun – der Partner Deutsch spricht. Da müssen sich natürlich beide Seiten bewegen.

Insbesondere im Rahmen der Anbahnung ist gegenseitiges Kennen Lernen, persönlich und betrieblich, sehr wichtig. Also besuchen wir Projekte, laufende und abgeschlossene, gehen auch mal zusammen essen gehen, damit man eben ein Gefühl für den potentiellen Partner bekommt. Offener Informationsaustausch auf möglichst vielen betrieblichen Ebenen ist wichtig. Es wird irgendwann der Punkt kommen, da muss die Kalkulation offengelegt werden, und dann geht es in medias res, und dann nützt alles Schönwetterreden nicht mehr. Dann müssen die Fakten auf den Tisch,

Es wäre auch schön, wenn technische Kenntnisse, betriebswirtschaftliche Kenntnisse auf beiden Seiten vorhanden wären. In der Regel ist das bei uns gegeben, bei interkultureller Kompetenz, da muss man von unserer Seite vielleicht an der einen oder anderen Stelle noch etwas nacharbeiten. Auf der anderen Seite sollte man auch nicht zu sehr in die entsprechende Kultur dort eintauchen. Offenheit, hatte ich bereits erwähnt. Kontakt von beiden Seiten aus zu halten ist wichtig. Auch in

Zeiten, wenn das Projekt einmal stockt, sollte man ruhig in irgendeiner Form den Kontakt halten, sich mal melden, und wenn es auch nur über den Fußball oder den Afrikacup zu reden gilt.

Also, was uns natürlich sehr am Herzen liegt ist, Partner zu finden, die Deutsch sprechen, aber Deutsch möglichst mit Wirtschaftsbezug. Oder noch besser: Afrikaner mit einer gewissen Sensibilität für deutsche mittelständische Unternehmer. Sie finden Goethe-Institute in vielen Ländern der Welt, aber dort können Sie sich fünf Mal Brecht pro Woche anhören, aber der Wirtschaftsbezug in den Sprachkursen fehlt völlig. Sie finden viele Afrikaner hier oder auch in Afrika, die Beziehungen zu Deutschland haben. Aber nur selten finden Sie Afrikaner, die mit deutschen Wirtschaftsbeziehungen zu tun haben. Es gibt in diesem Bereich eine gewisse Mentalität, die muss man versuchen den potentiellen Joint Venture Partnern aus Afrika vermitteln. Wenn möglich sollten Praktika in deutschen Betrieben in Afrika, sofern vorhanden, absolviert werden. Wir haben auch nie Probleme, irgendwelche Praktikaplätze zur Verfügung zu stellen. Betriebliche Ausbildungen haben wir auch schon gemacht, sowohl technische als auch kaufmännische.

Was mich ebenfalls sehr stört, ist die Trennung zwischen Entwicklungszusammenarbeit und Wirtschaftsförderung. Diese Trennung ist in meinen Augen absoluter Schwachsinn. Die beste Entwicklungszusammenarbeit besteht in gemeinsamen kommerziellen Projekten, von denen beide Seite profitieren. Weiter müssen die Institutionen vor Ort in Afrika erheblich besser vernetzt werden. Mein Eindruck in den afrikanischen Staaten, die ich besuchte, war eher negativ: jede Institution kocht ihr eigenes Süppchen. Fairer und gerechter Wettbewerb in Afrika, mehr langfristiges Denken, schauen, was bringt die gesamte Maßnahme auf lange Sicht. Mehr Wirtschafts-Know-how in deutschen Vertretungen vor Ort, mehr Wirtschaft in Afrika, die der breiten Masse in Afrika nutzt, wären weitere Forderungen, die zumindest keine negativen Folgen hätten.

Markus Bottlang

Was braucht die Wirtschaft?

Ich komme von der Handwerkskammer für Schwaben in Bayern und auch ich spreche nicht für „die Wirtschaft", sondern für die *Handwerks*wirtschaft und hier insbesondere für Süddeutschland. Der Fachkräftemangel ist im Süden schon deutlich spürbar. Die Region Schwaben gehört nicht zu Baden-Württemberg, sondern ist ein Regierungsbezirk in Bayern. Wir haben rund 25.000 Handwerksbetriebe und etwa 4.500 neue Auszubildende.

Wie kommen wir als Handwerkskammer zu dem Thema Migration? Wir haben in den beiden EQUAL-Runden an mehreren Entwicklungspartnerschaften teilgenommen. Wir hatten ein Projekt, in dem wir Flüchtlinge und Asylbewerber unter zwei Aspekten qualifiziert haben: Für den Fall einer Anerkennung sollen sie einen schnellen Zugang zum hiesigen Arbeitsmarkt finden, oder falls sie nicht anerkannt werden, wollen wir ihnen Qualifikationen mitgeben, die sie in ihrem Heimatland brauchen können.

Wir haben in Deutschland rund 340 anerkannte Ausbildungsberufe, die dual ausgebildet werden, davon etwa 150 im Handwerk. Ich habe auf dieser Folie einfach mal die letzten zehn Jahre genommen, in dieser Zeit sind 284 dieser 340 Ausbildungsberufe modernisiert worden. Ich sage das deswegen, weil die Anforderungen in all diesen Berufen in der Regel gestiegen sind. Berufe sind zusammengelegt worden. Früher gab es einen Kfz-Mechaniker und einen Kfz-Elektriker, beide gibt es heute nicht mehr. Sie haben heute einen Kfz-Mechatroniker. Diese Zusammenlegung der beiden Berufe ist sinnvoll, denn ein Auto ist heute im wesentlichen ein ‚rollender PC' geworden. Früher hatten Sie z.B. vier Berufe, Maschinenbaumechaniker, Werkzeugmechaniker, Feinmechaniker und Dreher, das ist heute ein Beruf, der Feinwerkmechaniker.

Wir können im Handwerk – das ist häufig die Vorstellung der Politik an dieser Stelle – nicht alle Sozialbenachteiligten und Lernschwachen gebrauchen. Und damit meine ich nicht Migranten, sondern das meine ich grundsätzlich. Es ist auch ein guter Teil Residenzbevölkerung dabei, die den Ausbildungsanforderungen in der Form nicht gerecht werden. 75 Prozent unserer Auszubildenden kommen aus der Hauptschule. Die Hauptschule sieht in den einzelnen Bundesländern unterschiedlich aus. In Bayern ist sie ja angeblich, wenn man PISA glaubt, ganz gut, aber unsere Betriebe beschweren sich sehr und sagen, es wird immer schwerer, die Absolventen auszubilden. Beachtet man weiter, dass wir in den städtischen Quartieren in den Hauptschulen zwischenzeitlich 50 Prozent Kinder mit Migrationshintergrund haben, dann wissen wir, dass diese Jugendlichen in fünf Jahren als Auszubildende vor der Tür stehen sollten und wir sie eigentlich auch dringend brauchen. Und deswegen ist es uns ein hohes Anliegen, dass diese Kinder eine gute Integration erfahren, vor allem bezogen auf den Arbeitsmarkt.

Was wir brauchen ist ein transparentes, verständliches und kommuniziertes Zuwanderungssystem. Ich bin sehr erstaunt über die akademische Diskussion, die man auch hier führt, wie zum Beispiel über zirkuläre Migration. Das sind Randthemen, wir brauchen ein transparentes System der Zuwanderung. Wenn Sie bei Google „Immigration New Zealand" eingeben (ich habe das einmal beispielhaft gemacht) dann finden Sie auf der ersten Seite sofort die entsprechende Information, wo sehr schnell klar wird, was Sie brauchen, was Sie zum Beispiel für Skills mitbringen müssen und wie viel Punkte es dafür gibt. Da geht es um Ihre Arbeitskompetenz, um Ihr Alter, um Ihre Finanzen, die Sie mitbringen, und um die sprachlichen Kenntnisse, die Sie haben. Sie brauchen insgesamt 140 Punkte, dann werden Sie eingeladen. Die Internetseite beginnt mit „New Zealand wellcomes new immigrants". Ich habe das gleiche für Deutschland gemacht und „Einwanderung Deutschland" eingegeben. Zunächst kommt ein Sammelsurium von Seiten. Ich hab dann eine Seite gefunden – www.zuwanderung.de – und dachte, das wäre das Richtige. Da steht rechts in der Spalte „Zuwanderung A-Z". Ich dachte, gut da bekomme ich alle wichtigen Informationen und klickte weiter und dann kommt als erstes „Abschiebung". Das ist die Realität! Das führt zum deutschen Problem der Zuwanderung, dass die guten Leute woanders hingehen und nicht zu uns kommen.

Was sind die Standards, die wir haben sollten? Langfristige Bedarfsfeststellung für die benötigten Qualifikationen, ein Ranking- und ein Zertifikatssystem, Beratungs- und Qualifizierungsangebote in den potenziellen Entsendeländern. Vielleicht liege ich falsch, ich will das nicht moralisch beurteilen, aber die Diskussionen, ob diese Länder entsenden wollen oder nicht, oder ob das diesen Ländern schadet oder nicht, ist für mich ebenfalls eine akademische Diskussion, denn die Menschen die dort weg wollen. Die gehen auf jeden Fall. Reisende kann man nicht aufhalten.

Wir haben in den Projekten, die wir gemacht haben, sehr deutlich gemerkt, wie wichtig fachsprachliche Kompetenz ist und wie wichtig es ist, damit auch früh anzufangen. Wir haben festgestellt, dass oft Leute schon sehr lange in Deutschland sind, aber wenn es darum geht, sie beruflich zu bilden, dann fehlt ihnen das ganze fachsprachliche Wissen.

Was verstehen wir unter beruflicher Kompetenz? Wir haben in den unseren Maßnahmen die Erfahrung gemacht, dass wir Teilnehmer hatten, die sagten: Ich war Elektriker. Und wenn man sich ihre tatsächlichen Kenntnisse anschaut, dann sind die sehr weit weg von dem, was wir uns darunter vorstellen.

Ich denke, wir haben in Deutschland ein System, das durchaus exportwürdig ist. Ich bin ein absoluter Verfechter der dualen Ausbildung. Leider kommt die im europäischen Kontext zu kurz. Da wird immer auf akademische Bildung abgestellt und wenig auf die Kombination aus praktischem und theoretischem Lernen, aber darauf baut handlungsorientierte berufliche Kompetenz, Problemlösekompetenz. Problemanalyse, planen, erarbeiten von Lösungsmöglichkeiten, Entscheidung für ein bestimmtes Vorgehen, Ausführung entsprechend der getroffenen Entscheidung, und dann auch Kontrolle und Bewertung. Das nennen wir Handlungskompetenz.

Was kann das Handwerk zur Qualifizierung von Migranten beitragen? Es gibt in der Zwischenzeit für die 25 wichtigsten Handwerksberufe über 125 standardisierte Qualifizierungsbausteine. Diese können kostenlos bei www.zwh.de runterladen werden. Die Qualifizierungsbausteine wurden vom Handwerk besonders für marktgängige Berufe geschaffen, in denen auch in der Zukunft Fachleute benötigt werden. Unsere Vorstellung ist, dass man solche Qualifizierungsbausteine bereits in Entsendeländern anbieten kann. Das ist etwas, wo das Handwerk einen Beitrag leisten kann.

Also – wir gehen nicht nur so an das Thema „Was fordert die Wirtschaft?", sondern stellen uns auch die Frage: Wo können wir einen aktiven Beitrag leisten? Ich hoffe, wenn es denn einmal ein System gibt, in dem transparent ist, was wir brauchen, dass dann den Leute auch schon in ihren Heimatländern Unterstützung angeboten werden kann. Das könnte ein Goethe-Institut oder eine andere Einrichtung übernehmen.

Wir haben im Rahmen von *Equal* mit der Flüchtlingsberatung der Diakonie und anderen NGOs in einem Netzwerk zusammengearbeitet und dabei festgestellt, dass in der Regel ein Wunschdenken bei den Migranten vorherrscht oder in Richtungen beraten wird, die weder den Migranten noch der deutschen Wirtschaft etwas bringen, weil dafür einfach kein Markt da ist. Es hilft den Leuten nur, wenn man sie in die Richtung berät, wo man ihnen auch sagen kann, da sind Perspektiven und da könnt ihr was werden. Und das muss man sehr dezidiert erklären. Unser Bildungssystem ist schon für uns nicht sehr transparent und für diese Leute noch viel weniger.

Gerade für uns in Süddeutschland kann man ganz klar sagen, dass wir im gesamten Metall- und Elektrobereich in eine riesige Lücke reinlaufen, wo wir dringend Fachkräfte brauchen. Und von daher haben wir ein hohes Interesse daran, ganz bewusst auf die Gruppe der Migranten zuzugehen. Auch weil wir festgestellt haben, dass viele von ihnen im Prinzip sehr motiviert sind, wenn sie sehen, wo der Weg hingeht und es ihnen mal jemand erklärt.

Wir haben, denke ich, politisch einiges verschlafen, wenn man sich anschaut, dass es als großer Erfolg verkauft wurde, dass beim Beitritt Polens z.B. die Fachkräftefreizügigkeit nicht sofort gegeben war. Die kommen nie mehr nach Deutschland, die sind alle nach England gegangen, obwohl die Polen im Prinzip eine Gruppe sind, die uns sowohl vom Berufskonzept wie überhaupt vom ganzen Wertesystem relativ nahe stehen. Es ist äußerst schade, dass die jetzt alle in England sind, die haben Englisch gelernt, die lernen nicht mehr Deutsch.

Die europäische Dimension:
Brain Gain durch Blue Card?

Hans-Dietrich von Loeffelholz

Die europäische Dimension: Brain Gain durch Blue Card?

1. Einführung und Gliederung

Kurz zu meiner Funktion im Bundesamt für Migration und Flüchtlinge, Nürnberg, und zu meiner beruflichen Vita: Ich bin seit dem Jahresbeginn 2005 im Bundesamt als Chefvolkswirt tätig und Leiter der dortigen Migrations- und Integrationsforschung mit Schwerpunkt Ökonomie. Diese Begleitforschung des Bundesamtes wurde vom Bundesgesetzgeber mit dem Zuwanderungsgesetz 2005 eingerichtet, um die Politik in Fragen der Zuwanderung und der Integration zu beraten und die analytischen Grundlagen zu verbreitern sowie die wissenschaftlichen Erkenntnisse zu den ökonomischen Ursachen und Wirkungen von Zuwanderungen in die Öffentlichkeit zu tragen. Ich habe mich auch in den vergangenen Jahren gerade mit der europäischen Dimension der Migration und Integration beschäftigt, insbesondere auch mit dem Komplex des Brain Gain. Durch die Vorlage der Blue-Card-Vorschläge im September vergangenen Jahres durch die Europäische Kommission hat dieser Aspekt besondere Bedeutung in der politischen, aber auch in der wissenschaftlichen und in der wirtschaftlichen Szene erhalten. Vor meiner Tätigkeit im Bundesamt war ich in einem wirtschaftswissenschaftlichen Forschungsinstitut auch mit diesen Fragen der Migration und Integration befasst; außerdem war ich an der Ruhr-Universität Bochum bis Ende 2004 in der Hochschullehre tätig.

Ich bin gebeten worden, heute den Einführungsimpuls zu geben. Meinen Vortrag möchte ich wie folgt gliedern:

Nach einer kurzen Einführung gebe ich einige Informationen über den Vorschlag der Kommission zur Blue Card und berichte über die Reaktionen in Deutschland und in anderen Ländern. Der Vorschlag beinhaltet eine Richtlinie zur Zulassung von Hochqualifizierten aus sog. Drittstaaten in der Europäischen Union. Ich werde diesen Vorschlag in den Zusammenhang stellen mit der deutschen Gesetzgebung, die vor allem seit dem Frühjahr 2000 durch die Diskussion und schließlich durch die in 2004 erfolgte Verabschiedung des Zuwanderungsgesetzes, das am 1. Januar 2005 in Kraft trat, gekennzeichnet war. Insbesondere will ich auch den Zusammenhang herstellen mit der Novellierung des Zuwanderungsgesetzes im Jahr 2007, wodurch auch gut und hoch Qualifizierte – z.B. als Unternehmer, Freiberufler und Selbständige – angesprochen werden und einen erleichterten Zugang nach Deutschland erhalten.

Zu fragen ist insoweit auch nach den Übereinstimmungen zwischen den nationalen Politiken, hier der deutschen Politik, und dem Vorschlag der Kommission zur Blue Card, also zu einer Zulassung von Gut- und Hochqualifizierten zum europäischen Arbeitsmarkt. Aber genauso wenig, wie es die Wirtschaft oder die europäische Wirtschaft oder die deutsche Wirtschaft gibt, gibt es den europäischen Arbeitsmarkt. Es gibt eine Vielzahl von Arbeitsmärkten in sektoraler, regionaler und qualifikatorischer Differenzierung. Insofern sind auch die Bedarfe und die Strukturen sehr unterschiedlich, und in diesen Zusammenhang sind auch die Vorschläge zur Blue Card zu stellen. Ich werde mich dann kurz mit den Arbeitsmarktimplikationen befassen, insbesondere im Hinblick auf das Ziel der deutschen, aber auch der europäischen Migrationspolitik im Sinne einer Triple-Win-Situation. Dadurch sollen drei Gewinnsituationen realisiert werden, nämlich erstens für den Migranten, zweitens für das Zielland, in dem der Migrant Arbeit findet, und drittens für das Herkunftsland. Inwieweit diese Triple-Win-Situation auch mit der Blue Card möglich gemacht werden kann, werde ich am Ende in der Zusammenfassung und den Schlussfolgerungen kurz beleuchten.

2. Qualifizierte Arbeitsmigration und Blue Card-Vorschlag der EU-Kommission

Seit 1999, insbesondere seit Oktober 1999 mit den Beschlüssen von Tampere, gibt es eine Kompetenzzuweisung an die Europäische Union für migrationsspezifische EU-Richtlinien. Diese Rahmenzuweisung ist Folge der Tatsache, dass den Nationalstaaten in der EU stärker bewusst geworden ist, dass wir uns hier in einem zunehmenden globalen Wettbewerb gerade auch um qualifizierte Arbeitskräfte befinden. Das Bewusstsein darum ist in erster Linie dadurch gesteigert worden, dass in anderen Weltregionen, denken Sie z.B. an Asien, an China und Indien, vor allem aber auch an die USA und Lateinamerika, die wirtschaftliche Entwicklung in den 1990er Jahren sehr expansiv gewesen ist. Nicht zuletzt auch wegen der starken Wanderungen konnten diese Länder in der damaligen golden decade wesentlich stärkere Wachstumsraten registrieren als die Europäische Union ("Old Europe"). Dieser Hintergrund führte zu der Erkenntnis der europäischen Regierungen bzw. des Europäischen Rates, dass wir uns auf den Wettbewerb um gut qualifizierte Zuwanderer stärker einlassen müssen, zumal wir uns in der Vergangenheit hier eher abwehrend und eher restriktiv verhalten haben. Die Folge war, dass nach Europa bisher eher weniger qualifizierte Arbeitskräfte zuwanderten, während die klassischen Einwanderungsländer eher die qualifizierten Migranten anzogen und von daher größere Vorteile aus der Migration ziehen konnten. Darauf hat auch der zuständige EU-Kommissar, Herr Frattini, in seiner Pressekonferenz hingewiesen, mit der er am 23. September 2007 die Richtlinie zur Zulassung von Hochqualifizierten vorgestellt hat.

Diese Diskrepanz wurde auch jüngst durch eine aktuelle Studie des Instituts für Arbeitsmarkt- und Berufsforschung bei der Bundesagentur für Arbeit in Nürnberg unterstrichen. Die beiden Autoren, Herbert Brücker und Sebastian Ringer, untersuchten die Qualifikationsstrukturen von Zuwanderern im internationalen Vergleich[1]. Sie sind dabei zu dem Ergebnis gekommen, dass Europa hier erhebliche Nachteile gegenüber anderen Ländern und Regionen aufweist.

Dies kommt weiter auch dadurch zum Ausdruck, dass in einer Studie, die das Europäische Migrationsnetzwerk im Jahr 2006 beim Bundesamt für Migration und Flüchtlinge in Auftrag gab[2], herausgestellt wurde, dass z.B. nur etwa zwei Prozent der Topmanager und Spitzenwissenschaftler in Deutschland Ausländer sind (Tabelle 1), während dieser Anteil in anderen Ländern spürbar höher ausfällt, z.B. in Schweden, Österreich und Irland mit bis vier Prozent. Dieser Nachteil wird noch größer, wenn wir den Blick noch weiter über unsere Grenzen hinaus richten und die OECD-Länder insgesamt vergleichen. Dies umfassen die dreißig am stärksten entwickelten Länder des Globus und konkurrieren immer stärker um die best and brigthest unter den Migranten.

Tab. 1: **Hoch qualifizierte Migranten in ausgewählten EU-Ländern nach** **Berufsstatus 2004** *(in % aller Beschäftigten mit dem jeweiligen Status)*

Status	Top-Manager, Wissenschaftler u.ä.		Akademiker (HS- und FHS- Absolvent)		Spezialisten, Fachleute u.ä.	
Herkunft	EU-24	Dritt-staaten	EU-24	Dritt-staaten	EU-24	Dritt-staaten
Deutschland	1,9	1,4	2,5	2,4	1,4	2
Österreich	3	3	3,8	2	2,5	2,7
Irland	3,3	1,2	4,6	3,3	4,2	1,8
Schweden	4,2	2,5	5,3	4,6	5,4	3,3
UK*	2,5	2,5	2,7	4,3	2	3,4
Insgesamt	*3,3*	*2,3*	*4,1*	*3,6*	*3,3*	*2,8*

Quelle: Eigene Berechnungen nach Angaben des Europäischen Migrationsnetzwerks. – *einschl. Norwegen, Island, Liechtenstein (EEA).

Auf der einen Seite stehen die europäischen Länder, auf der anderen Seite die klassischen Einwanderungsländer. Hier zeigt sich anhand der folgenden Tabelle 2, dass z.B. Kanada einen etwa zwanzigprozentigen Anteil von Migranten mit einer tertiären Ausbildung, d.h. mit einer weiterführenden Schul- bis zur Hochschulausbildung, aufweist, während Länder wie Deutschland mit vier oder auch Frankreich mit acht Prozent weit dahinter zurückbleiben. In Großbritannien haben nach diesen Angaben nur ein Prozent aller Migranten eine tertiäre Ausbildung genossen, während z.B. in der Schweiz der Anteil derjenigen Ausländer, die einen Hochschulabschluss haben, bei 16 Prozent liegt und in den Vereinigten Staaten immerhin noch bei fast 13 Prozent.

Vor dem Hintergrund dieser Unterschiede zwischen der Europäischen Union mit 1,6 Prozent der Migranten mit Hochschulabschluss auf der einen Seite und den klassischen Einwanderungsländern mit ihrem wesentlich größeren Anteil an Migranten mit höheren Abschlüssen auf der anderen ist der Vorschlag der Kommission der Europäischen Union zur Blue Card zu verstehen. Dieser Richtlinienvorschlag, den die Europäische Kommission den einzelnen Nationalstaaten zur weiteren Dis-

Tab. 2: Ausländer (foreign-born) mit tertiärem Bildungsabschluss in den OECD-Ländern;
in % aller Einwohner mit tertiärem Bildungsabschluss, ca. 2000

	OECD-Einwanderer (A)	OECD-Auswanderer (B)	A-B	Einw. von au-ßerhalb (C)	insg. "netto" (A-B+C)
OECD-Länder der EU:	**6,6**	**10,1**	**-3,5**	**5,1**	**1,6**
dar. Frankreich	4,2	4,4	-0,2	8,2	8,0
Deutschland	2,8	7,3	-4,5	8,6	4,1
Italien	2,8	7,3	-4,5	3,3	-1,2
Polen	0,4	10,2	-9,8	2,3	-7,6
Spanien	2,7	2,3	0,5	3,8	4,2
Vereinigtes Königreich	6,5	14,9	-8,4	9,4	1,0
andere OECD-Länder:	**4,0**	**3,3**	**0,7**	**3,2**	**3,9**
dar.: Australien	16,8	2,4	14,4	12,1	26,5
Kanada	10,3	5,4	4,9	15,5	20,4
Japan	0,2	1,1	-0,9	0,5	-0,4
Neuseeland	14,6	24,4	-9,8	10,0	0,2
Schweiz	20,0	10,8	9,1	7,3	16,4
Vereinigte Staaten	4,2	0,7	3,5	9,2	12,7
OECD insgesamt	**7,3**	**9,2**	**-2,0**	**5,7**	**3,8**

Quelle: OECD Factbook 2007.

kussion vorgelegt hat, ist dadurch gekennzeichnet, dass er eine besondere berufliche Qualifikation in Gestalt von Berufserfahrung voraussetzt, nicht unbedingt einen Hochschulabschluss. Ein derart qualifizierter Zuwanderer aus einem Drittstaat muss einen mindestens einjährigen Arbeitsvertrag mit einem Unternehmen in der Europäischen Union vorweisen, und das Gehalt muss mindestens das Dreifache des jeweiligen nationalen Mindestlohns betragen. Jetzt wissen wir allerdings, dass es nicht in allen 27 EU-Ländern einen solchen flächendeckenden Mindestlohn gibt, vor allem nicht in Deutschland. In nur 19 Ländern der Europäischen Union gibt es einen solchen Lohn, der jeweils ganz unterschiedlich angesetzt ist (vgl. nebenstehendes Schaubild). Es ist interessant, wie weit die Streuung hier ausgeprägt ist. Erwartungsgemäß sind die Mindestlöhne in Bulgarien und Rumänien wesentlich geringer als die Mindestlöhne in den sogenannten alten europäischen Mitgliedstaaten wie Luxemburg, Großbritannien oder auch in den Niederlanden. Auch ist hier der Abstand zum Durchschnittslohn und -gehalt in der Industrie und im Dienstleistungssektor gering. Dies soll jetzt nicht weiter interessieren, weil das eine eigene Debatte ist.

Wenn – wie auch in Deutschland – kein allgemeiner Mindestlohn existiert, so liegt die Einkommensgrenze mindestens beim Dreifachen des jeweils gültigen Sozialhilfesatzes. Der Sozialhilfesatz für Erwachsene beträgt in Deutschland zur Zeit im Monat knapp 350 Euro zuzüglich Miete und Heizkosten. Legt man für diese Kosten einen Wert von ebenfalls 350 Euro zu Grunde, so läge die Einkommensgrenze der Blue Card im Jahr 2008 bei rund 25.200 Euro. Ob eine Netto- oder Bruttoeinkommensgrenze gemeint ist, wird aus den bisherigen Veröffentlichungen nicht deutlich. Klar ist indes, dass die Untergrenze deutlich unterhalb der derzeitigen Durchschnittslöhne für Facharbeiter im Produzierenden Gewerbe in Deutschland von 32.500 Euro (brutto) liegt, von den „Hochqualifizierten" im Sinne des § 19 Abs. 2 Satz 3 AufenthG („Manager") ganz zu schweigen, bei denen die 2006 und 2007 geltende Mindestgrenze bei 85.512 Euro Bruttojahresgehalt, dem Doppelten der Beitragsbemessungsgrenze der gesetzlichen Krankenversicherung, liegt und die von vorneherein eine unbefristete Niederlassungserlaubnis ohne Arbeitsmarktprüfung für sich und ihre Familie erhalten.

Mit dem Vorschlag einer Blue Card ist eine interregionale und innereuropäische Mobilität verbunden, die frühestens nach zwei Jahren seit der Erteilung aus-

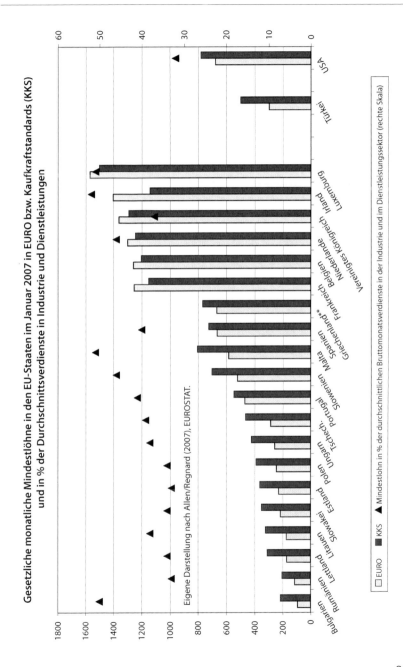

Gesetzliche monatliche Mindestlöhne in den EU-Staaten im Januar 2007 in EURO bzw. Kaufkraftstandards (KKS) und in % der Durchschnittsverdienste in Industrie und Dienstleistungen

Eigene Darstellung nach Allen/Regnard (2007), EUROSTAT.

□ EURO   ■ KKS   ▲ Mindestlohn in % der durchschnittlichen Bruttomonatsverdienste in der Industrie und im Dienstleistungssektor (rechte Skala)

geübt werden darf. Dieser Richtlinienvorschlag zur Blue Card ist einzuordnen in eine Vielzahl von Richtlinien, die bis 2007 von der Kommission vorgelegt und verabschiedet wurden, und die auch bei einer Vielzahl von Mitgliedsländern bereits in nationales Recht umgesetzt worden sind. Ich darf daran erinnern, dass die Europäische Kommission seit 1999 Richtlinien z.b. zum Daueraufenthalt von langfristig aufenthaltsberechtigten Drittstaatsangehörigen vorgelegt hat, darüber hinaus eine Richtlinie zur Mobilität von Studenten und andere Richtlinien. Alle diese Richtlinien sollen die Mobilität nach gemeinsamen Standards innerhalb der Europäischen Gemeinschaft fördern. Wenn in den 27 EU-Ländern 27 unterschiedliche Migrationsregime existieren, stellt dies eine wesentliche Hürde für die Mobilität zwischen diesen einzelnen europäischen Ländern dar. Es sollte deshalb gemeinsame EU-weite Standards geben und damit einen gemeinsamen Rahmen, um die Mobilität nicht nur für Kapital, Waren und Dienstleistungen, sondern auch für Personen – die vier Grundfreiheiten – innerhalb der Europäischen Union zu gewährleisten.

Der Grundgedanke ist, dass Mobilität ökonomische Vorteile für alle Seiten, für die Migranten, für die Herkunftsländer, aber auch für die Zielländer im Sinne einer Triple-Win-Situation entfaltet. Deshalb soll nicht nur die Mobilität von Hochqualifizierten und von Studenten oder von Familienangehörigen durch einen gemeinsamen Rahmen und den Abbau von Barrieren gefördert werden, sondern in Zukunft auch die von Auszubildenden. Die Europäische Kommission bereitet deshalb in den nächsten Monaten auch einen Richtlinienentwurf zur innereuropäischen Mobilität von Auszubildenden (trainees) sowie zu innerbetrieblichen Versetzungen innerhalb der EU (transferees) vor. Durch den Abbau von rechtlichen Barrieren und institutionellen Hürden für Zuwanderer im Wege der Koordinierung einer Vielzahl von unterschiedlichen nationalen Migrationsregimen und Rechtsnormen soll die Vertiefung der EU auch in diesem Bereich vorangebracht und auf diesem Wege, wie gesagt, die Mobilität der Arbeitskräfte innerhalb der Europäischen Union gesteigert werden. Dass damit längerfristig auch die erheblichen sprachlichen und kulturellen Barrieren innerhalb der EU abgebaut werden, liegt auf der Hand.

3. Reaktionen auf den Richtlinienvorschlag

Wie waren nun die Reaktionen in Deutschland? Die Wirtschaft war sehr erfreut darüber, dass die Europäische Kommission diese Richtlinie vorgelegt hat. Sie hatte das schon länger gefordert, aber geltend gemacht, dass die Richtlinie nach ihrer Umsetzung in nationales Recht keine abschließende Regelung darstellen dürfe, durch die andere Möglichkeiten zur Zuwanderung ausgeschlossen seien. Es sollte nur eine ergänzende Regelung sein und keine, die andere Migrationsmöglichkeiten, auch für die Arbeitsmigration, erschwert oder gänzlich unterbindet.

Die Politik war und ist etwas zurückhaltender bis ablehnend. Sie macht zu Recht geltend, dass wir zunächst die Aufgabe haben, unser eigenes Potenzial an Hochqualifizierten besser auszuschöpfen, dass aber auch vor allem das Potenzial der (hoch-)qualifizierten Ausländer bzw. Migranten in einzelnen Ländern noch wesentlich besser genutzt werden sollte als es bisher der Fall ist. Die Möglichkeit, über die Blue Card nach Europa zu kommen, soll eine Ergänzung zu eigenen Anstrengungen sein. Nach einem „Sowohl als Auch" sollte hier also verfahren werden, nämlich: Die eigenen Potenziale besser ausschöpfen und gut ausgebildete Zuwanderer anwerben.

Bei der Forderung nach besserer Nutzung heimischer Potenziale ist gerade auch die Wirtschaft angesprochen, die erweiterte Möglichkeiten der Weiterbildung ihrer Beschäftigten stärker anbieten sollte. Es kann nicht angehen, dass diejenigen Wirtschaftsbereiche vielfach am lautesten nach Zuwanderern, nach gut qualifizierten Migranten von außerhalb der Europäischen Union rufen, die selbst am wenigsten ausbilden. Unternehmen sollten ihre Verantwortung auch an dieser Stelle durchaus sehen. Mit anderen Worten, Blue Card generell ja – mit Rücksicht auf die eigenen Möglichkeiten aber nur als ergänzende zusätzliche Möglichkeit der Zuwanderung.

Vielfach wird auch auf das Zuwanderungsgesetz von 2005 verwiesen, mit dem ja insbesondere auch Hochqualifizierte angeworben werden sollen. Ich darf erinnern, dass mit dem § 19 des Aufenthaltsgesetzes („Niederlassungserlaubnis für Hochqualifizierte") Manager und hochqualifizierte Personen aus sog. Drittstaaten, also von außerhalb der Europäischen Union, angesprochen werden sollen, nach Deutschland zu kommen, was für beide Seiten einen großen Vorteil darstellen würde. Es gibt weiter die Möglichkeit, nach § 18 des Aufenthaltsgesetzes („Beschäftigung") nach Deutschland zu kommen. Beide Möglichkeiten werden auch genutzt.

Mit der Novellierung des Zuwanderungsgesetzes von 2007 werden zusätzlich – neben Selbständigen und Freiberuflern – auch Forscher aus Drittstaaten in Umsetzung der sog. EU-Forscherrichtlinie angesprochen. Durch die Umsetzung dieser Richtlinie in die einzelne nationale Gesetzgebung wird verstärkt versucht, Forscher nach Europa bzw. in die einzelnen Mitgliedsländer der EU anzuwerben. Es gibt die Aussage, nach der Europa auch aus demografischen Gründen und aufgrund von Versäumnissen in den Bildungssystemen zur Realisierung des Lissabon- und Bologna-Prozesses in der EU in den nächsten Jahren etwa 700.000 Forscher braucht. Dieser Herausforderung haben die Europäische Kommission und die einzelnen nationalen Regierungen in der Union dadurch Rechnung getragen, indem sie u.a. die Forscherrichtlinie umgesetzt haben bzw. dies tun werden. In Deutschland ist die Umsetzung Ende August 2007 im Aufenthaltsgesetz (§ 20) erfolgt.

4. Arbeitsmarktimplikationen

Was nun die Arbeitsmarktimplikationen, also die Triple-Win-Situation aus arbeitsmarktspezifischer Sicht angeht, ist es das Ziel der Forscherrichtlinie bzw. der Blue-Card-Initiative der Europäischen Kommission, möglichst große Vorteile daraus sowohl für die Migranten als auch für die Zielländer in Europa, aber auch für die Herkunftsländer der Zuwanderer zu ziehen. Dieses Ziel ist auch ökonomisch sehr gut begründet. Jeder Hochqualifizierte, der einen Arbeitsbereich in einem Unternehmen oder einer Institution übernimmt, schafft nicht nur hier innerbetrieblich zusätzliche Arbeitsplätze, sondern verschafft wegen der Vorleistungs- und Absatzverflechtung darüber hinaus auch der Volkswirtschaft des Ziellandes insgesamt erhebliche Vorteile. Inwieweit diese Vorteile auch im Sinne eines entwicklungspolitischen Ansatzes in Bezug auf die Herkunftsländer verstärkt werden können, muss man untersuchen. Man muss Modelle, auch Pilotprojekte entwickeln bzw. durchführen, mit denen die Vorteile für die Herkunftsländer herausgefunden werden können. Dabei ist auch der Zusammenhang mit den Rücküberweisungen oder auch den Rückwanderungen von expatriates herzustellen, denen zunehmende finanzielle und gesamtwirtschaftliche Bedeutung für die Entwicklung dieser einzelnen Länder zukommt. Das beste Beispiel dafür ist das heutige Indien: Dorthin kommen viele hochqualifizierte Indo-Amerikaner aus den USA zurück, die dorthin vor vielen Jahren als junge

Absolventen der High-Tech-Universitäten und -Institute – übrigens in den 1960er und 70er Jahren auch mit Hilfe deutscher Entwicklungshilfe auf- und ausgebaut – ausgewandert waren und die den dortigen IT-Boom der 1990er Jahre – ausgehend vom kalifornischen Silicon-Valley – mit initiiert und mitgetragen haben. Sie bringen ihre Erfahrungen, Investitionen und Geschäftskontakte mit zurück und sind sehr willkommen für die weitere wirtschaftliche und soziale Entwicklung des Landes.

5. Zusammenfassung und Schlussfolgerung

Ich will kurz zusammenfassen und schlussfolgern: Die Blue-Card-Initiative ist ein Vorschlag, der jetzt in den nationalen Regierungen, auch mit den Tarifpartnern, anregend diskutiert wird. Er soll bis 2009 als EU-Richtlinie verabschiedet werden, die dann in die jeweilige nationale Gesetzgebung der einzelnen EU-Länder umzusetzen ist. Diese würde sich einfügen in eine Vielzahl von Initiativen der Europäischen Kommission, wie z.B. die Studentenrichtlinie, die Daueraufenthaltsrichtlinie und die Forscherrichtlinie, die alle dazu dienen, den jeweiligen Migrationsregimes in den einzelnen europäischen Ländern einen gemeinsamen Rahmen zu geben und damit die Mobilität innerhalb der Europäischen Union zum Vorteil aller zu fördern. Und ich denke, wenn dies innerhalb der nächsten fünf oder zehn Jahre gelingt, sind dies große und wichtige Schritte in die richtige Richtung im Rahmen der Lissabon- und Bologna-Strategie eines weltweit konkurrenzfähigen europäischen Wirtschafts- und Bildungsraumes. Entsprechende Wirkungen sollte man allerdings nicht schon innerhalb kurzer Frist erwarten, sondern man muss Geduld haben und Erfahrungen sammeln, um diese dann auch in einen noch zu gestaltenden entwicklungspolitischen Ansatz einbeziehen zu können.

Anmerkungen

1   Herbert Brücker und Sebastian Ringer (2008), Ausländer in Deutschland. Vergleichsweise schlecht qualifiziert. IAB Kurzbericht 1/2008. Nürnberg: IAB.

2   Bundesamt für Migration und Flüchtlinge (2007), Migration von hoch Qualifizierten und hochrangig Beschäftigten aus Drittstaaten nach Deutschland. Working Paper 9. Nürnberg: BAMF.

***

Fragen und Diskussionsbeiträge aus dem Publikum

Müsste Migrationspolitik nicht auch mehr in die Entwicklungspolitik eingebunden werden?

von Loeffelholz: Mit dem entwicklungspolitischen Migrationsansatz, den Interessen der Herkunftsländer stärker Rechnung tragen zu wollen, ist dies ganz eindeutig. Allerdings ist die Migrationspolitik nicht nur in Zusammenhang zu stellen mit der Entwicklungspolitik, sondern auch mit anderen Politikbereichen, wie z.b. der Subventionspolitik, die in den europäischen Ländern ja sehr stark ausgeprägt ist und die u.a. die Entwicklungsländer in Afrika von unseren Märkten abhält. Und insofern heißt stärkere Berücksichtigung der Herkunftsländer von Migranten auch Abbau unserer hohen Subventionsintensität. Das gilt nicht nur für Europa, sondern z.B. auch in Bezug auf die USA im Verhältnis zu Lateinamerika. Mit anderen Worten, den Interessen der Herkunftsländer ist nicht nur in der Migrationspolitik Rechnung zu tragen, sondern auch in anderen Politikbereichen, nämlich gerade in Bezug auf die Subventionen und andere Handelshemmnisse und -verzerrungen zum Nachteil dieser Länder. Die Welthandelsrunde ist der richtige Ort, um die unterschiedlichen Interessen zu äußern und in die Verhandlungen mit einzubringen.

Schafft Migration Arbeitsplätze?

von Loeffelholz: Der Blue-Card-Initiative und der Konzentration nicht nur der Europäischen Union, sondern aller Industrieländer auf die Anwerbung von hoch qualifizierten Arbeitskräften liegt die Überzeugung zugrunde, dass diese nicht nur Arbeitsplätze sichern, sondern auch zusätzliche Arbeitsplätze schaffen. Es gibt diesbezügliche Studien, z.b. zur Green Card zwischen 2000 und 2004 in Deutschland, die ergaben, dass mit jedem Green-Card-Arbeitsplatz mindestens vier bis fünf zusätzliche Arbeitsplätze entstanden sind. Die qualifizierten Zuwanderer aus dem Ausland wurden als komplementäre Arbeitskräfte für die heimischen Arbeitskräfte eingesetzt. Deswegen sind sie Wirtschaft und Gesellschaft hoch willkommen im Gegensatz zu den weniger oder niedrig qualifizierten Arbeitskräften, die vielfach als kostengünstigerer Ersatz oder als billige Substitute für die heimischen Arbeitskräfte angesehen und tatsächlich auch so eingesetzt werden; Dort gibt es dann eben entsprechende Arbeitsmarkt- und Verteilungsprobleme. Daraus folgt die Konzentration nicht nur der Europäischen Kommission bei der Blue Card eher auf die besser qualifizierten Migranten und die restriktive Haltung, was die weniger qualifizierten angeht.

Ich bin im Zweifel, dass wir den Mix aus hoch- und niedrig qualifizierten Zuwanderern schaffen, den Herr von Weizsäcker angesprochen hat. Ich glaube nicht, dass es mehrheitsfähig und politisch durchsetzbar ist, dass Europa in kurzer oder auch in mittlerer Frist diesen Mix realisieren kann. In Europa sind immerhin 20 Millionen Arbeitskräfte arbeitslos, unter ihnen viele Migranten. Deshalb werden die wenig Qualifizierten aus Drittstaaten als massive Konkurrenten für die einheimischen Arbeitslosen angesehen, unter denen sich in Deutschland gerade auch überproportional viele, lang ansässige Zuwanderer und ihre Nachkommen der zweiten und dritten Generation befinden. Zumal die Arbeitsmarktpolitik in Deutschland mit der Agenda 2010 seit 2003 versucht, die Arbeitslosen durch entsprechende Reformen wieder ins Boot zu holen. Gerade auch die Arbeitsmarktpolitik in Deutschland ist darauf gerichtet, eben auch die Langzeitarbeitslosen wieder in den Arbeitsmarkt zu integrieren. Die Migrationspolitik sollte auch in diesen Zusammenhang gestellt werden. Von daher müssen auch die möglicherweise ungünstigen Signale, die auf Einheimische von einer auf Hochqualifizierte aus dem Ausland konzentrierten Migrationspolitik ausgehen, begleitet werden von einer Arbeitsmarktpolitik, die die weniger qualifizierten ansässigen Arbeitskräfte, zu denen nicht nur in Deutschland, sondern in allen europäischen Ländern auch vor langer Zeit zugewanderte Personen mit ihren Kindern und Enkeln gehören, wieder stärker in den Arbeitsmarkt eingliedert und ihre Potenziale ausschöpft. Dazu gehören gleichermaßen zusätzliche private wie öffentliche Anstrengungen zur nachhaltigen Aus- und Weiterbildung.

Wie sieht die Bilanz der deutschen Green Card aus?

von Loeffelholz: Zwischen August 2000 und Dezember 2004 sind etwa 18.000 Arbeitserlaubnisse an IT-Experten und Kommunikationsspezialisten vergeben worden. Die Erlaubnisse waren auf fünf Jahre befristet. Angesichts der Erwartungen, die im Boomjahr 2000 sehr hoch gesteckt waren, nämlich dass die Computerbranche etwa 75.000 bis 100.000 Fachkräfte bräuchte und auch bei entsprechendem Angebot zu den geltenden Einkommens- und qualifikatorischen Bedingungen einstellen würde, kann man durchaus sagen, dass 18.000 nicht sehr viel waren.

Berücksichtigen sollte man dabei aber, dass diese Erteilungen weniger von einer eher restriktiven oder eher großzügigen Verfahrensweise der Arbeitsverwaltung bzw. der Ausländerbehörden abhängig waren, sondern dass sich die Konjunktur und somit die Auftragslage in diesem Sektor in kurzer Zeit radikal verändert hat. Die IT-Blase platzte in den USA schon in 2000, in der Bundesrepublik dann 2001 und 2002. Von daher ist die Geschäftstätigkeit im gesamten IT-Sektor ganz massiv eingebrochen, so dass sich der Bedarf an IT-Spezialisten in der Folgezeit wesentlich weniger stark entwickelt hat, als man es noch 1999 oder 2000 erwartet hatte.

Viele sagen, die Green-Card wäre „ein Schlag ins Wasser" gewesen, was ich aber überhaupt nicht so sehe. Es war ein erster Ansatz, ein nach Qualifikationen und sektoralen Bedarfen gesteuertes Migrationsregime zur Anwerbung von gut qualifizierten Zuwanderern für einen bestimmten Wirtschaftbereich zu installieren, der für die ökonomische Entwicklung und das Wachstum in Deutschland eine wichtige Funktion und Breitenwirkung hatte und hat. Dieser Ansatz hat die Debatte in Deutschland über die Zuwanderung insgesamt sehr stark beeinflusst und schließlich dazu geführt, dass nicht nur die beiden Kommissionen, die „Unabhängige Kommission Zuwanderung" und der „Sachverständigenrat für Zuwanderung und Integration" (Zuwanderungsrat) – beide unter dem Vorsitz von Frau Prof. Süßmuth – dann ihre jeweiligen Gutachten und Vorschläge vorgelegt haben, sondern dass es schließlich 2004 zum ersten Zuwanderungsgesetz in Deutschland kam, das, wie erwähnt, zum Jahresbeginn 2005 in Kraft getreten ist. Das war eine unmittelbare Folge des Paradigmenwechsels, der mit der Green Card im Frühjahr des Jahres 2000 eingeleitet wurde.

Es liegen Studien aus dem August 2000 vor, in denen auf der Basis eines renommierten Konjunkturmodells die Zahl von drei bis fünf zusätzlichen Arbeitsplätzen je Green-Card-Arbeitsplatz vorausberechnet wurde. Solche Untersuchungen wurden anhand der tatsächlichen Zahlen nicht noch einmal durchgeführt, doch ich gehe davon aus, dass diese Studien und die gewonnenen Tendenzaussagen nach wie vor gültig sind. Man kann also davon ausgehen, dass mit den etwa 18.000 IT-

Leuten, die damals kamen, vielleicht 50.000 bis 70.000 zusätzliche Arbeitsplätze verbunden waren. Ob diese heute noch so existieren oder sich gar vervielfachten aufgrund der immer stärkeren Nachfrage nach IT- und Kommunikations-Dienstleistungen und -Hardware in Unternehmen, Verbänden und privaten Haushalten, steht auf einem ganz anderen Blatt und wäre eigens zu analysieren.

Um die sog. Zweit- und Drittrundeneffekte an einem Beispiel deutlich zu machen: Wenn Aufträge aufgrund von Personalmangel nicht bearbeitet werden können, weil die entsprechende Fachkraft oder der entsprechende Computerexperte fehlt, dann gehen diese Umsätze verloren. Mit der Besetzung eines Arbeitsplatzes aber haben auch andere Arbeitskräfte im Unternehmen mehr Arbeit, und es werden unter Umständen auch zusätzliche Beschäftigte eingestellt. Denken Sie z.B. an die Hochqualifizierten, die mit dem Zuwanderungsgesetz von 2005 angeworben werden. Da sind, wie man auch in der Presse liest, im Jahr 2005 etwa 700 bis 900 und 2006 wie 2007 jeweils nur ca. 470 solche Hochqualifizierten gekommen. Das waren z.B. Geschäftsführer von großen Unternehmen, das waren Vorstandsmitglieder, hochrangige Wissenschaftler, Sprachlehrer, Manager. Und wenn z.B. Manager von großen Unternehmen eingesetzt werden, um Märkte in den osteuropäischen Ländern nach ihrer Aufnahme in die EU 2004 zu erschließen, wie es beispielsweise von großen Versicherungsunternehmen aus dem Münchner Raum erfolgreich gemacht wurde, dann sichern und schaffen diese Aktivitäten nicht nur Arbeitsplätze in den strategischen Steuerungsabteilungen der Unternehmen selbst, sondern sie schaffen zusätzliche Arbeitsplätze in Tochterfirmen in Tschechien oder Ungarn oder in anderen Ländern Osteuropas. Insofern kann man festhalten, dass Hochqualifizierte und (hoch) qualifizierte Arbeitskräfte, die als Spezialisten und Fachkräfte für einen Arbeitsplatz gewonnen werden, oft Arbeitsplätze nicht nur innerbetrieblich im näheren Umfeld schaffen oder sichern, sondern auch darüber hinaus in anderen Bereichen, wie z.B. bei ihren Lieferanten und Kunden.

Jakob von Weizsäcker

Der Mix macht es!

Die europäische Dimension: Brain Gain durch Blue Card?

Meine Beziehung zur Blue Card ist ganz einfach. Vor etwa zwei Jahren hab ich den Begriff der Europäischen Blue Card geprägt. Das heißt nicht, dass ich die Blue Card alleine erfunden habe. Die Kommission hatte sowieso schon an der Frage der hochqualifizierten Zuwanderung gearbeitet, und letztlich hat die Kommission bei weitem nicht alle Aspekte meines damaligen Vorschlags übernommen.

Ich arbeite in Brüssel bei dem Wirtschafts Think Tank Bruegel (www.bruegel.org). Dessen Gründung geht zurück auf eine deutsch-französische Initiative von Schröder und Chirac. Finanziert wird Bruegel von 16 der EU-Mitgliedsländern und etwa 25 großen Firmen. Es handelt sich also – ganz modern – um ein Privat-Public-Partnership. Vor Bruegel war ich bei der Weltbank, als Länderökonom für Tadschikistan. Tadschikistan ist eines der Länder mit der höchsten Auswanderungsrate weltweit. Man schätzt, dass etwa jeder dritte tadschikische Mann zumindest einen Teil des Jahres im Ausland arbeitet, meistens in Russland. Die Familie bleibt häufig in Tadschikistan zurück, nicht zuletzt, weil dort die Lebenshaltungskosten niedriger sind. Insofern hatte ich mit Migration auch auf der Herkunftsländerseite zu tun. Tadschikistan ist natürlich ein extremes Beispiel. In den meisten Entwicklungsländern sind die Zahlen nicht ganz so extrem.

 Meines Erachtens macht es viel Sinn, sich nicht so sehr über Hochqualifikation oder niedrig qualifizierte Zuwanderung alleine, sondern über den Zuwanderungsmix Gedanken zu machen. Zuerst eine fast schon banale Einsicht: die Niedrigqualifizierten kommen ohne unser Zutun. Und selbst wenn wir hohe Zäune errichten, finden viele ihren Weg zu uns. Die Hochqualifizierten hingegen kommen nicht von alleine. Um die muss man sich bemühen. Ein hochqualifizierter Migrant käme beispielsweise nicht auf die Idee, in einem winzigen Bötchen illegal und unter Lebensgefahr zu den Kanarischen Inseln zu fahren. Hochqualifizierte Migranten haben oft die Qual der Wahl und denken sich: „Wenn ihr uns in Europa Steine in den Weg legt, dann gehen wir woanders hin."

Wenn man sich um die hochqualifizierte Migration nicht hinreichend bemüht, dann hat man einen unausgewogenen Zuwanderungsmix mit viel niedrigqualifizierter und wenig hochqualifizierter Zuwanderung. Einen schlechten Mix bekommt man auch, wenn man eine insgesamt restriktive Politik sowohl bei der niedrig- wie bei hochqualifizierten Zuwanderer verfolgt. Denn die Wirksamkeit der Restriktionen ist bei den hochqualifizierten Zuwanderern, die stattdessen leicht in andere Länder gehen können, groß während sich die Niedriqualifizierten weniger leicht abschrecken lassen.

Ein solch schlechter Qualifikationsmix in der Zuwanderung führt nicht nur zu ökonomischen Nachteilen im Gastland, sondern auch zu vermeidbaren sozialen Spannungen. Ich habe hier in einer Matrix die Effekte von Wanderungen skizziert.

Abb. 1: Qualifikationsmix als Win-Win-Strategie

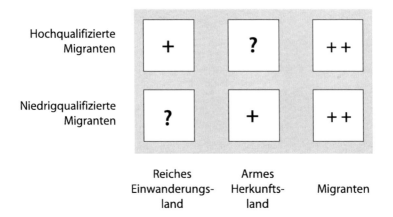

Die hochqualifizierte Einwanderung nützt dem reichen Einwanderungsland. Da sind sich Ökonomen eigentlich einig. Hingegen gibt eine gewisse Unsicherheit darüber, was nun hochqualifizierte Auswanderung für das arme Herkunftsland bedeutet. Da gibt es widerstrebende Effekte. Einerseits gibt es das Problem des schädlichen Brain Drains. Andererseits gibt es die Rücküberweisungen aus dem Ausland, die erfolgreichen Auswanderer, die später in ihr Ursprungsland zurückkehren und dort etwas aufbauen. Und schließlich gibt es den Vorbildeffekt für Kinder. Wenn die merken, dass man mit einer guten Ausbildung im Ausland viel Geld verdienen kann, strengen sie sich mehr in der Schule an und die Eltern unterstützen die Bildung dann auch eher. Unklar ist nun, ob die widerstrebenden Effekte netto eine positive oder negative Wirkung haben auf das Herkunftsland hochqualifizierter Migranten. Diese Unsicherheit habe ich in der Tabelle mit einem Fragezeichen eingezeichnet.

Schließlich gibt es die Wirkung auf die Migranten. Hochqualifizierte und auch niedrigqualifizierte Migranten kommen ins reiche Land und verdienen viel mehr als vorher. Es geht ihnen also eindeutig wesentlich besser als vorher. Ausnahmen gibt es natürlich immer. Es gibt Migranten, die sind enttäuscht und es geht schief in ihrem Leben. Aber das ist nicht die Regel. Die Migranten sind also die Hauptgewinner der Migration. In der Tabelle ist das jeweils mit Doppelplus verzeichnet.

Es ist ganz wichtig, dies nicht zu vergessen, auch in dem Zusammenhang, den Torsten Moritz erwähnt hat. Häufig sieht man Migranten, ob hochqualifiziert oder niedrigqualifiziert, als ganz arme Leute, die in erster Linie unser Mitleid verdienen. Wir sollten dazu übergehen, Migranten viel stärker als Gewinner zu sehen, die für ihren mutigen Schritt, von zu Hause wegzugehen, eher unsere Bewunderung als unser Mitleid verdient haben.

Nun zur Wirkung der Migration von niedrigqualifizierten Migranten auf das Herkunftsland. Die ist tendenziell positiv. Die Familien der Migranten freuen sich, vor allem wenn sie Rücküberweisungen bekommen. Sie freuen sich aber auch, wenn es ihrem Verwandten einfach gut geht, unabhängig davon, ob sie Geld bekommen. Und sie freuen sich, wenn das Land zu Hause weniger Leute ernähren muss. All das ist positiv, wie auch in der Tabelle verzeichnet.

Und nun zum letzten Quadrat: Was bedeutet niedrigqualizierte Einwanderung für das reiche Einwanderungsland? Da gibt es wieder ein Fragezeichen, das ist wieder kompliziert. Es gibt da sehr positive Effekte, es gibt auch negative Effekte, man kann es nicht so klar sagen. Ich will es jetzt nicht aufdröseln, hier soll es ja letztlich um hochqualifizierte Einwanderung gehen.

Jedenfalls ist das unsere Ausgangssituation, in der es auf offensichtlich auf den Qualifikationsmix der Zuwanderung ankommt. Der Clou ist nun: wenn der Qualifikationsmix ausgewogen ist, gibt es nur Gewinner. Das Fragezeichen der Auswirkung von niedrigqualifizierter Einwanderung auf das Einwanderungsland wird mit dem Plus der Auswirkung hochqualifizierter Einwanderung verrechnet und heraus kommt ein (schwach) positiver Effekt. Analog gilt dies auch für das Herkunftsland, wo ebenfalls das Fragezeichen mit dem Plus verrechnete wird und ein (schwach) positiver Effekt herauskommt. Und die Migranten gewinnen eh, wie wir gesehen haben. Migration wird tatsächlich zu einer Win-Win-Win-Situation, wenn man so möchte.

Herr von Löffelholz hatte bereits einige OECD-Zahlen gezeigt. Ich hab mich kürzlich mit einer Kollegin hingesetzt und die OECD-Zahlen nach Qualifikation aufgedröselt. 23 Prozent der Migranten sind im OECD-Durchschnitt hochqualifiziert im Sinne einer tertiären Bildung, also eines Hochschulabschlusses. Und jetzt ist die Frage, wie weichen einzelne OECD-Länder von diesem Durchschnitt ab. Australien, Kanada, die liegen weit, weit über diesem 23 Prozent-Durchschnitt, nämlich im Fall von Australien etwa 18 Prozentpunkte, im Fall von Kanada 14 Prozentpunkte. Da ist grob jeder zweite Einwanderer hochqualifiziert. Das heißt nicht, dass sie schon hochqualifiziert waren. Einige haben sicher erst in Kanada ihren Abschluss gemacht haben. Aber, jedenfalls sind sie heute hochqualifiziert. Sehr unterdurchschnittlich schneiden Länder wie Österreich, Italien, Deutschland und Frankreich ab. Dort ist oft nur jeder sechste oder siebte Zuwanderer hochqualifizert.

Vor diesem Hintergrund soll die Blue Card dafür sorgen, dass Europa attraktiver für hochqualifizierte Zuwanderer wird. Mit rein nationalen Ansätzen könnten wir natürlich auch vieles tun, um für hochqualifizierte Zuwanderer attraktiver zu werden. Aber mit Kleinstaaterei kommen wir nicht weit genug. Hier ein konkretes Beispiel. Nehmen wir den sprichwörtlichen indischen Computerprogrammierer, der seine Frau davon überzeugen soll, mit ihm nach Deutschland zu ziehen. Die Frau macht sich Sorgen, denn sie kann kein Deutsch und hat vor einigen Jahren in der Zeitung gelesen, dass Ausländer in Deutschland verprügelt werden. Mit der Blue Card könnte der Computerprogrammierer seiner Frau beruhigen. Er wird ihr vorschlagen, erst einmal für die interessante Stelle nach, sagen wir, Hannover zu ziehen. Und wenn es dann in Deutschland wider Erwarten wirklich unangenehm ist, dann könnten sie mit der Blue Card immer noch innerhalb Europas umziehen, z.B. nach England, wo man Englisch spricht und wo es schon viele Inder gibt. Am Ende würde es den beiden vermutlich in Deutschland gut gefallen. Aber um die Inder erst einmal nach

Deutschland zu locken, hilft die Aussicht auf England, wie unser Beispiel erläutert. Tatsächlich würden aus diesem Grund gerade nicht-englischsprachige Länder von der Blue Card besonders profitieren besonders.

Das Problem der Blue Card ist bloß, dass der Vorschlag der Kommission noch nicht weit genug geht und zwar in vielerlei Hinsicht. Das erste ist, dass es keine permanente Arbeitserlaubnis ist, sondern nach wie vor nur eine vorübergehende. Das zweite Problem ist, dass die europäische Übertragbarkeit zwar grundsätzlich Sinn und Zweck der Sache ist, aber jeder Jurist Ihnen sagen kann, dass man diese sofort aushebeln kann. Im Moment findet die Bundesregierung genau dies sogar sehr beruhigend. Aber es schwächt die Attraktivität der Blue Card ungemein.

Ein weiteres Problem des Blue Card-Vorschlags der Kommission ist das Zugangskriterium. Konkret wird eine Lohnuntergrenze in Höhe des dreifachen Mindestlohns vorgeschlagen. Dies Kriterium, Herr von Löffelholz hatte es schon erwähnt, ist ungünstig, weil für die Länder, die einen Mindestlohn haben, der Abstand zwischen dem Durchschnitts- oder dem Medianlohn und dem Mindestlohn sehr unterschiedlich ist. Beispielsweise hat Frankreich einen sehr hohen Mindestlohn, der bei etwa 60 Prozent des Medianlohns liegt. Andere Länder in Europa haben einen Mindestlohn von nur 30 Prozent des Medianlohns. Nimmt man das jeweils mal drei, kommet man in einem Fall auf einen Wert, der mit 90 Prozent noch unterhalb des Medianlohns liegt. In einem anderen Fall kommen Sie auf einen Wert, der mit 180 Prozent fast doppelt so hoch wie der Medianlohn ist. Da muss man sich wirklich ein bisschen wundern, wer auf die Idee gekommen ist, das am Mindestlohn festzumachen. Insgesamt wäre es vorzuziehen, das Zugangssystem europaweit mit einem Punktesystem zu organisieren, das nicht nur die Lohnhöhe, sondern auch andere Größen wie zum Beispiel das Alter des Zuwanderers und die Art des Hochschulabschlusses berücksichtigt.

Beides sind nicht ganz unerhebliche Kritikpunkte am aktuellen Entwurf.

Zum Schluss noch einige weitere Überlegungen, die in der Migrationsdebatte stärker berücksichtigt werden sollten.

Erstens: Es gibt ein Paradox der zirkulären Migration. Empirisch ist es tendenziell so, dass temporäre Arbeitserlaubnisse Migranten an das Gastland binden. Ein ganz offensichtliches Beispiel ist die amerikanische Greencard. Die ist bewusst temporär gehalten in dem Sinne, dass, wenn man Amerika für mehr als zwölf Monate verlässt, man nicht ohne Weiteres zurück kann. Die dortige Green-Card ist also extra auf diese Art befristet, um zu verhindern, dass die Leute ins Heimatland zurückgehen können. Und erst, wenn sie einen Pass haben (das geht in Kanada übrigens schneller), können sie die Zirkulation anfangen. Das heißt also, genau das Gegenteil von dem, was man erwarten würde. Die temporäre Erlaubnis bindet die Leute an das Land. Permanente Arbeitserlaubnisse dagegen erleichtern den Migranten den kühnen Schritt zurück. Das ist häufig mit Risiken verbunden, ärmere Länder sind häufig nicht nur ärmer, sondern das Leben ist auch risikoreicher. Und dieses Risiko wird erheblich verkleinert, wenn ein Migrant die Garantie hat, wieder ins reiche Land zurückzukehren, falls etwas schief geht. Wenn diese permanente Arbeitserlaubnis da ist, das sieht man sehr schön in Kanada, dann gibt es sogar eine Tendenz, dass die besonders erfolgreichen Migranten den Schritt zurück versuchen. Insofern bin ich also eher skeptisch, wenn Leute anfangen, über temporäre Arbeitserlaubnisse zu reden, um zirkuläre Migration zu erzeugen.

Zweitens: Dass ein guter Qualifikationsmix bei der Integration hilft, müsste eigentlich längst ein alter Hut sein. Erfolgreiche, hochqualifizierte Zuwanderer helfen beim Abbau negativer Vorurteile bei der einheimischen Bevölkerung und umgekehrt haben erfolgreiche, hochqualifizierte Zuwanderer eine wichtige Vorbildfunktion. Vielleicht, wenn Sie das an sich selbst testen wollen, überlegen Sie, was ist Ihre Vorstellung von iranischen Migranten in Deutschland und von türkischen Migranten in Deutschland sind. Sie werden feststellen, dass ein Großteil der Diskussion über Probleme mit Ausländern in Deutschland um türkischstämmige Migranten geht. Iranischstämmige Migranten sind nicht dabei. Dabei ist der Terrorismus z.B. im Iran viel eher zu Hause als in der Türkei. Ich glaube, ein ganz wichtiger Grund ist, dass der Qualifikationsmix der iranischen Zuwanderer einfach deutlich besser war. Man kann es so zuspitzen: Die niedrigqualifizierten Türken, die sind nach Deutschland gekommen, um zu malochen, und die hochqualifizierten Türken sind in die USA gegangen, um dort ihre Doktorarbeit zu machen. Das ist die Realität. Und diese promovierten Türken, die fehlen uns. Die waren in den lezten Jahren eindeutig nach Amerika orientiert.

Drittens noch eine Beobachtung zur Parallelgesellschaft. Im Moment reden wir viel über die Gefahren der Parallelgesellschaft. Aber in gewisser Hinsicht brauchen

wir etwas mehr Parallelgesellschaft in Deutschland, um hochqualifizierte Migranten anzulocken. Nehmen Sie mich als Beispiel. Ich bin selbst Teil einer solchen hochqualifizierten Parallelgesellschaft. Ich wohne in Brüssel und meine Kinder gehen dort
in die deutsche Schule. Mir ist wichtig, dass meine Kinder so gut deutsch können,
dass wir jederzeit zurück nach Deutschland könnten. Aber im Ergebnis sind die
Freunde meiner Kinder keine Belgier sonder deutsche Mitschüler. Und vor der Schule gibt es einen Kiosk mit deutschen Produkten. Das ist Parallelgesellschaft. Die Japaner in Düsseldorf sind ein anderes Beispiel. Niemand käme auf die Idee, sich über
die Parallelgesellschaft der Japaner zu beschweren. Das Integrationsgebot taucht
dann auf, wenn man über Einwanderer redet, vor denen man Sorge haben müsste,
dass sie erhebliche soziale Kosten verursachen oder ihren Kindern systematisch Le-
benschancen verbauen. Integration ist ja kein Selbstzweck. Ich wäre deshalb beispielsweise sehr dafür, das Netzwerk der englischsprachigen Schulen in Deutschland weiter auszubauen und auch staatlich zu fördern. Ohne diese Schulen werden
die meist englischsprachigen hochqualifizerten Expats nicht in genügend großer
Zahl nach Deutschland kommen.

***

Fragen und Diskussionsbeiträge aus dem Publikum

*Inwieweit müsste Migrationspolitik mehr in die Entwicklungspolitik
eingebunden werden?*

von Weizsäcker: Wenn der Mix stimmt, ist Migration sowohl für die Empfängerländer als auch die Entsendeländer gut aus ökonomischer Sicht. Trotzdem sollte man
Migrationspolitik strategisch in die Entwicklungspolitik einbinden. Nur darf man
nicht naiv sein. Ein Beispiel für Naivität ist die Diskussion um die auswandernden
Ärzte aus Entwicklungsländern. Da kann ich Ihnen ein Beispiel geben aus Tadschikistan. Da gab es sehr viele ausgebildete Ärzte zu Sowjetzeiten. Viele sind weggegangen. Von denen, die dageblieben sind, arbeiten natürlich viele nicht mehr als
Arzt sondern z.B. als Restaurantunternehmer, weil Ärzte so sagenhaft schlecht be-

zahlt werden. Und warum werden Ärzte so sagenhaft schlecht bezahlt? Weil der Staatshaushalt leer ist und die Entwicklungshilfeorganisationen bis vor sehr kurzem ideologisch begründet gesagt haben, wir finanzieren immer nur Anschub, wie finanzieren nie laufende Kosten. Und Gehälter sind laufende Kosten. Ein Krankenhaus baut man einmal. Aber Gehälter, die bleiben, die müssen jeden Monat bezahlt werden. Und das hat dazu geführt, dass bei den Personalkosten ein riesiges Problem entstanden ist. Jetzt mit den Millenniumsentwicklungszielen hat sich das gebessert glücklicherweise, und man achtet etwas mehr darauf, dass der Haushaltsposten Ärztegehälter oder der Haushaltsposten Lehrergehälter etwas großzügiger bedacht wird. Für Afrika gibt es eine fabelhafte Studie, die zeigt, dass die Zahl der Ärzte, die im Gesundheitswesen arbeiten, relativ wenig damit zu tun hat, wie viel Ärzte man ausbildet und sehr viel damit zu tun hat, welche Arbeitsbedingungen sie haben und wie man sie bezahlt. Vor diesem Hintergrund kann man sagen: wer glaubt, mit einer europäischen Einwanderungssperre für Ärzte aus Afrika das Problem der dortigen Gesundheitssysteme in den Griff zu bekommen, ist naiv.

Inwieweit werden durch Migration Arbeitsplätze geschaffen?

von Weizsäcker: Es gibt in vielen Teilen der Welt sehr erfolgreiche Unternehmer, die nun zufällig aus dem Ausland kommen. Silicon Valley wimmelt davon, da sind Hunderttausende von Arbeitsplätzen in dieser Branche entstanden durch Ausländer. Und Millionen von Arbeitsplätzen, kann man sagen, hängen daran. Das heißt, es ist überhaupt keine Frage, dass es positive Arbeitsplatzeffekte geben kann.

Auch die ausländischen Banker, die nach London kommen, schaffen dort zusätzliche Arbeitsplätze. Und zwar nicht nur für Hausangestellte sondern für englische Banker in London. Das ist vielleicht verblüffend auf den ersten Blick, aber es ist so. Die englischen Banker finden in London leichter einen Job, weil die ausländischen Banker da sind. Denn die ausländischen Banker machen London zu einem führenden Finanzzentrum. Wenn ein Ort es schafft, viele Leute einer Branche anzulocken, dann kann es sein, dass sich dieser Ort zum zentralen Standort für die gesamte Branche entwickelt.

Wenn nun mehrere Standorte darum konkurrieren, zu diesem zentralen Cluster zu werden, haben Orte, die der Einwanderung gegenüber aufgeschlossen sind, einen riesigen Vorteil. Historisch kann man das übrigens auch am deutschen Automobilcluster sehen. Ohne die damals sehr großzügige Einwanderungspolitik für Gastarbeiter hätte sich der deutsche Automobilcluster, von dem wir heute noch profitieren, so nie entwickeln können. Das sollten wir über unsere Sorgen hinsichtlich der Integrationsprobleme der Kinder dieser Gastarbeiter nicht vergessen.

Torsten Moritz

Blue Card – brain gain oder feeling blue?

20 Anmerkungen zur aktuellen Diskussion zu EU „blue card" aus kirchlicher Sicht

Der folgende Beitrag ist kein abschließendes Statement gesicherter und ausführlich diskutierter kirchlicher Positionen zum Thema Blue Card und Migration als Entwicklung. Diese Positionen gibt es zur Zeit noch nicht – unterschiedliche kirchliche Akteure betrachten diese Thema je nach Ausgangsposition, Spezialisierung oder nationaler Herkunft durchaus differenziert, zum Teil sogar kontrovers.

Vielmehr handelt es sich um Beobachtungen und Erwägungen die im momentanen Diskussionsprozess eine Rolle spielen und daher in näherer Zukunft Bestandteil einer solchen gesicherten Position werden könnten.

1. Die Diskussion um neue Formen der legalen Arbeitsmigration ist überfällig und notwendig. Die Kirchen in Europa haben die Beschlüsse von Tampere 1999 für eine ausgewogene und umfassende EU-Politik im Bereich von Migration und Asyl – der ja das deutsch-französische Papier zum Ende der „Zero-Migration" vorausging – begrüßt. Auch die ersten Konsultationen und Vorschläge für die Regelung von Familiennachzug und langfristigem Aufenthalt waren wichtige Eckpfeiler einer solchen Politik. Zu unserem Bedauern konnte der umfassende und auf Rechten basierende Ansatz für die Migrationspolitik nicht durchgehalten bzw. umgesetzt werden, entsprechend wurde bislang nur die Einreise und der Aufenthalt von Studierenden und Auszubildenden von den EU Institutionen beschlossen, während weitergehende Vorschläge der Europäischen Kommission vom Ministerrat abgelehnt wurden.

2. Das Scheitern des RL-Vorschlages zu Einreise und Aufenthalt von Drittstaatsangehörigen zur Ausübung selbständiger oder unselbständiger Erwerbsarbeit (KOM (2001) 386) zeigt, dass die Idee eines einheitlichen und (zumindest vergleichsweise)

transparenten einheitlichen Verfahrens der Arbeitsmigration, das den Migrant(inn)en selber erhebliche Möglichkeiten der Eigeninitiative einräumt, bislang nicht mehrheitsfähig waren.

3. Die neuen Vorschläge für legale Arbeitsmigration sind zum Teil aus der Not geboren: Einerseits gibt es einen Bedarf an Arbeitskräften in den meisten EU-Mitgliedsstaaten – ein Indiz dafür sind irreguläre Migrantinnen und Migranten – und andererseits die Erkenntnis, dass Migrantinnen und Migranten einen unermesslich großen Beitrag für die Länder im Süden leisten – durch Rücküberweisungen und Transfers, die die öffentliche Entwicklungshilfe weit übersteigen. Die demographische Situation vor allem in den mittel- und osteuropäischen Ländern wird in den nächsten Jahren zu großen Herausforderungen führen. Migration ist allein keine Antwort, kann aber zu Lösungsmöglichkeiten beitragen, insbesondere da sie im Vergleich mit anderen demographisch relevanten Initiativen schnelle Auswirkungen zeitigen kann.

4. Gleichzeitig ist die öffentliche Debatte in vielen EU-Ländern noch weitgehend in dem Stadium gefangen, in dem Migrant(inn)en als Belastung und Problem wahrgenommen werden und ihnen pauschal ein Defizit an Qualifikationen zugeschrieben wird. Dies spiegelt sich sowohl in den xenophoben Argumentationsmuster über Migrant(inn)en „die uns ausnützen" als auch – insbesondere auch in Deutschland – in der humanitären Pauschal-Wahrnehmung von Migrant(inn)en als armer, hilfsbedürftiger „Flüchtlinge".

5. Politik hat daher ein massives Vermittlungsproblem: erfolgreiche Steuerung von Migration wird zu einem wichtigen Bestandteil von Standortpolitik, potentiell auch zur Ressource der Entwicklungszusammenarbeit: Das Bild eines attraktiven Landes für Migrant(inn)en wird zum Standortvorteil. Gleichzeitig ist dieses Bild aber innenpolitisch hoch explosiv.

6. Das genaue Bild der EU Politik zu Arbeitmigration ist unklar. Zwar ist bislang bekannt, dass die Kommission nach RL-Vorschlägen zu Hochqualifizierten (der so genannten „blue card") und zu den gemeinsamen Rechts- und administrativen Rah-

menbedingungen von Zuzug und Aufenthalt auch noch RL plant zu saisonaler Migration und zu Beschäftigten die innerhalb von Firmen transnational transferiert werden. Es ist allerdings unklar ob es sich bei diesen Vorschlägen um die einzigen Vorhaben der Kommission handelt oder ob daran gedacht ist in einem nächsten Schritt dann weitere Bestandteile einer genuinen umfassenden Migrationspolitik vorzuschlagen. Dies könnte ab 2009 im neuen institutionellen Kontext auch eine neue Dynamik ergeben – mit einer neuen Europäischen Kommission, einem neu gewählten Europäischen Parlament und einer neuen rechtlichen Basis mit dem Vertrag von Lissabon.

7. Zirkuläre Migration ist das Stichwort, das der zur Zeit noch sehr verhaltenen Migrationsdebatte Rechnung tragen will, einerseits den Arbeitskräftebedarf in verschiedenen Bereichen, IT aber auch private Pflege und Versorgung, decken soll, andererseits den Transfer von Geld und Know-how in die Herkunftsländer befördern soll.

8. Die Kirchen halten beide Ziele für legitim und zielführend und auch ein Mechanismus der zirkulären Migration für erwägenswert. Gleichzeitig sprechen sie sich aber auch für die Interessen der betroffenen Personen aus, die Migrantinnen und Migranten. Deren Rechte müssen mit den Interessen der Herkunftsstaaten und Aufenthaltsstaaten ausbalanciert werden. Dies beginnt bei der Wertschätzung für die geleistete Arbeit und der Anerkennung der Rechte, auch der mit der Arbeit erworbenen sozialen Sicherungsrechte wie Arbeitslosenversicherung, Kranken- und Unfallversicherung, Pensionen, und geht bis zur Würdigung der Leistungen für die Herkunftsstaaten.

9. Auch kirchliche Arbeit wird in diesem Kontext Ihre Ansätze in der Migrationsarbeit kritisch hinterfragen müssen: Kann das Bild von Migrant(inn)en als armen, hilfsbedürftigen und defizitären Wesen weiter faktischer Ausgangspunkt sein? Der Ansatz, Stimme und Sprachrohr der Stimm- und Sprachlosen zu sein, wird sicher weiter notwendig sein: anwaltschaftliches Handeln ist weiterhin notwendig weil eben Fremdheit im Gastland zumindest anfangs einen Nachteil für die politisch-gesellschaftliche Teilhabe aller Migrant(inn)en darstellt – unabhängig davon wie ih-

re wirtschaftliche Situation ist. Gleichzeitig muss zumindest die öffentliche Darstellung von Migration überdacht werden. Wenn gerade in dem Bereich von Migration und Entwicklung der Blick auf Migrant(inn)en stärker die Akteure von Entwicklung sieht, so kann das nicht ohne Folgen für kirchliche Migrationsarbeit bleiben.

10. Abschottung, verschärfte Einreisebedingungen und Grenzkontrollen sind nur bedingt tauglich für die Steuerung von Arbeitsmarkt und Migrationsbewegungen[1]. Seit Mitte der 90er Jahre wurde damit zwar eine Verringerung der statistisch erfassten Einwanderung in die EU-Staaten erzielt, gleichzeitig nahm aber Menschenschmuggel und Menschenhandel in erschreckendem Ausmaß zu. Auch wenn legale Einwanderungsmöglichkeiten das Problem von irregulärer Migration nicht vollständig löst, so haben wir doch fundierten Grund zu der Annahme, dass sie dieses Problem reduzieren würde. In vielen Fällen ist es ja nicht unbedingt so, dass Arbeitsmigrant(inn)en von vorneherein nicht legal einreisen und arbeiten könnten, sondern vielmehr so, dass die entsprechenden Verfahren so komplex sind, dass der Weg der Illegalität gewählt wird. Gleichzeitig ist es so, dass ein legaler Status es Migrant(inn)en erleichtert Akteure von Entwicklung zu werden (so ist z.B. ein legaler Aufenthaltsstatus mit entsprechenden Papieren hilfreich beim Zugang zu den verschiedenen und damit auch günstigsten Möglichkeiten der Rücküberweisung).

11. In diesem Zusammenhang scheint es überfällig Instrumente zu entwickeln, die auch den Bedarf an formal nicht oder niedrig qualifizierten Arbeitskräften anerkennt und Regulierungsvorschläge macht. Um Illegalität bekämpfen zu können, sollten diese Vorschläge auch für größere Personengruppen mit wenig Aufwand handhabbar sein: Ein Unternehmen mag bereit sein für einen Computerexperten langwierigen Papierkrieg zu führen, für zehn Zimmermädchen wird es wohl eher auf den informellen Markt ausweichen. Das Herstellen einer Balance zwischen politischen Regulierungsinteressen sowie sozialen und menschenrechtlichen Standards einerseits, aber den privatwirtschaftlichen Interessen, durch Migration wettbewerbsfähig zu bleiben, andererseits wird ein schwieriger Prozess werden.

12. Auch im Kontext von Entwicklung ist sicher zu unterstreichen, dass nach allen vorliegenden Studien ein Qualifikations-Mix unter den Migrierenden für Her-

kunftsländer am vielversprechendsten ist. Die Hochqualifizierten kommen ja auch in ihren Herkunftsländern selten aus den ärmsten Schichten oder Gegenden.

13. Um Entwicklungszielen und Einzelbedürfnissen gerecht zu werden, müssten neue Steuerungsinstrumente entwickelt werden – die allerdings in den vorliegenden Vorschlägen noch unzureichend angesprochen sind – die für bestimmte Länder gezielte Anwerbung und Bedingungen aushandelt, aber auch die Bedingungen für die Einzelpersonen verbessert. Dies sind die Verbesserung der Bedingungen für den Zahlungsverkehr[2] als auch die Erleichterung der Ein- und Ausreise durch Erteilung von multiple-entry visa, als auch eine erleichterte Einreisemöglichkeit nach mehrmonatigem Aufenthalt im Herkunftsstaat. Die Europäische Kommission hat insbesondere die Frage der Reisemöglichkeit in ihren Vorschlägen ansatzweise mit aufgegriffen. Praktische Vorstellungen wie dies gehandhabt werden könnte, fehlen allerdings bislang. In der Debatte scheint immer noch unklar ist welche Anreiz-Instrumente für Rückkehr wirksam funktionieren können (so war z.B.: allein innerhalb der EU das Herstellen der Transferierbarkeit von Renten und anderen Ansprüchen auf Sozialleistung kompliziert genug – um einen der möglichen Anreiz-Faktoren zu nennen). Es scheint illusorisch anzunehmen, dass mit ausländerrechtlichen Instrumenten die Rückkehr von Personen mit legalem Status durchgesetzt werden kann.

14. Zirkuläre Migration wird als temporäre Migration verstanden. Die Global Commission on International Migration hat in ihrem Bericht 2005 bereits festgestellt, dass weltweit Migration verstärkt temporär stattfindet, sich dabei auch sehr innerhalb der jeweiligen Herkunftsregion bewegt. Diese Migration bedarf der Verbesserung durch rechtliche und soziale Absicherung, um Ausbeutung zu vermeiden.

15. Eine zentrale Frage für kirchliche Bewertung von Vorschlägen zu zirkulärer Migration ist die Frage wie Familienleben unter Bedingungen zirkulärer Migration gewährleistet werden kann. Zwar ist es sicherlich in Zeiten des Internets, der low-cost airlines und des so genannten „global village" immer weniger so, dass Menschen wie zum Beispiel noch zur Zeit der so genannten „Gastarbeiter" entweder

an einem ODER an einem anderen Ort Leben – multiple Wohnsitze und Lebens-mittelpunkte lassen sich immer besser vereinbaren, die „transnational communi-ties" sind eine Realität. Für Familienleben stellt dies jedoch zumindest eine erhebli-che Herausforderung dar. Dabei ist es sicher so, dass ein gesicherter Status vieles vereinfacht gegenüber der Realität irregulärer Migranten – die Frage, welches Recht auf Familienleben in Gesetzgebungsvorschläge zu zirkulärer Migration vorsehen wird, wird daher zentral sein. Der vorgelegte Blue Card Vorschlag geht in dieser Hin-sicht in die richtige Richtung, aber es bleibt abzuwarten, welche Rechte geringer Qualifizierten zugebilligt werden sollen.

16. Ein weiterer Stolperstein zirkulärer Migration wird sicher die Frage der In-tegration sein – wie allgemein bekannt ist, wird in der politischen Debatte gern ein Scheitern von Integration beklagt. Jenseits der Frage, welchen Ausschnitt von Rea-lität dieses mutmaßliche Scheitern tatsächlich darstellt: es bleibt in diesem Zu-sammenhang zu fragen, wie klug es ist, erneut Migrationspolitik auf der Vermu-tung aufzubauen, dass diejenigen, die migrieren, bald wieder zurückkehren. Auch für Arbeitgeber wird die Frage zirkulärer Migration sicherlich altbekannte Fragen aufwerfen: wird es wirklich attraktiv und machbar sein, mit Migrant(inn)en zu ar-beiten, die immer wieder neu in den betrieblichen Ablauf integriert werden – oder wird der betriebliche Wunsch die „high potentials", aber auch niedriger Qualifi-zierten zu halten, nicht doch bald wieder zu langfristiger und dauerhafter Migra-tion führen.

17. Ein konzeptueller Stolperstein der momentanen blue card Vorschläge ist si-cher die Abhängigkeit vom Arbeitgeber – Grundvoraussetzung der Einreise ist ein spezifischer Arbeitsvertrag, für die ersten zwei Jahre sind Wechsel der Arbeit oder der Arbeitsstelle problematisch – hier ist sicher zu fragen wie attraktiv dies ist für Personen, die zu Recht annehmen, dass SIE weitgehend die Bedingungen vorge-ben, unter welchen sie ihre Arbeitskraft zur Verfügung stellen.

18. Ein Aspekt der Debatte zu Migration und Entwicklung noch der Operatio-nalisierung harrt, ist die Frage der Bedeutung von sozialem Transfer für Entwicklung (der zum Beispiel im Bereich „Demokratisierungseffekt des bangalore booms" dis-

kutiert wurde). Wie kann die Rückwanderung von temporären Migrant(inn)en auch dazu beitragen, das institutionelle Gefüge im Herkunftsland zu verbessern, z.b. dadurch dass good governance in Herkunftsländern eingefordert wird?

19. Eine Politik zu zirkulärer Migration die den Namen verdient braucht sicher auch Instrumente der Beobachtung und Evaluierung: ein Europäisches Beobachtungszentrum zu Migration könnte in diesem Zusammenhang sicher Mehrwert bieten. Auf nationaler Ebene wäre eine Institutionalisierung der Kooperation von Innen-, Arbeits- und Entwicklungsministerien sicher hilfreich.

20. Ein letzter Punkt, den ich noch erwähnen möchte, weist über die Migrations- und auch Entwicklungspolitik hinaus, stellt aber gerade für Kirchen einen unabdingbaren Punkt der Gesamt-Debatte dar: die Frage, was die neuen Initiativen im Bereich Migration für Gesellschaft allgemein bedeuten und für das was wir etwas vage das „europäische Sozialmodell" nennen. Wenn zunehmend anerkannt wird, dass die dynamischsten, flexibelsten und kompetentesten Kräfte aus anderen Weltregionen nach Europa geholt werden sollen, so verweist das auch auf diejenigen in unserer Mitte, die eben nicht oder nicht mehr so flexibel sind. Es scheint ja recht unstrittig, dass das Argument „keine Zuwanderung solange wir Arbeitslosigkeit haben" völlig an der Realität vorbeigeht, weil eben diejenigen, die arbeitslos sind (bis auf wenige Ausnahmen), für die vorhandenen Jobs nicht qualifiziert und selten qualifizierbar sind. Zugespitzt formuliert manifestiert neue Einwanderung in Zeiten weiter existierender Massenarbeitslosigkeit damit eine nicht zu überhörende Botschaft an einen nicht unerheblichen Bestandteil der Bevölkerung: die Botschaft, dass sie nie wieder über Erwerbsarbeit in Gesellschaft partizipieren werden. Diese Realität wird zwar durch Migration nicht geschaffen, aber die wird durch Migration noch offenkundiger als bisher. Im Interesse eines gelingenden Zusammenlebens werden auch diese Grundsatzfragen der Existenzsicherung aber auch der Partizipation jenseits der klassischen Erwerbsarbeit noch einmal überdacht werden müssen.

Anmerkungen

1   Wir sprechen ungern von Migrations"strömen": im Verhältnis zur Weltbevölkerung ist der Anteil der Migrantinnen und Migranten bei drei Prozent recht beständig.

2   Die Beratungswebsite der GTZ ist ein hilfreiches Instrument.

***

Fragen und Diskussionsbeiträge aus dem Publikum

Trägt Migration dazu bei, dass diejenigen, die gegenwärtig arbeitslos sind, dies auch weiterhin bleiben werden?

Moritz: Es ist klar, dass wir durch eine verstärkte neue Zuwanderung ein Symbol aussenden an die Personen, die nicht in den Arbeitsmarkt integriert sind, dass sie das auch auf absehbare Zeit nicht mehr sein werden. Man mag jetzt hoffen, was man will, für die nächsten Jahre wird in der Arbeitslosenstatistik ein Sockel bleiben von ein paar Millionen. Und wenn in dieser Situation neue Zuwanderung organisiert wird, und zwar auch in massivem Rahmen und das öffentlich anerkannt wird, dann ist das ein deutliches Signal an die Nichtintegrierten: Ihr werdet es auch nicht mehr schaffen. Es gibt Leute, die sind mobiler, besser qualifiziert, flexibler als ihr. Und das ist der soziale Sprengstoff, den wir, wenn wir über Migration sprechen, nicht aus dem Auge verlieren sollten. Kann sich die Partizipation an der Gesellschaft nach wie vor so über Arbeit definieren, wie sie es immer noch tut? Wir hatten ganz, ganz viele philosophische Diskussionen „Gesellschaft der freien Zeit" usw. usf. in denen diese Frage schon im Mittelpunkt stand. In der Politik hat man sich bisher immer ein bisschen darum herum gedrückt. Man hat gesagt, nein, Inländer haben Vorrang auf dem Arbeitsmarkt usw. usf. Wenn es, und das sage ich für die nächsten fünf, spätestens sechs Jahre voraus, tatsächlich wieder gezielte Anwerbung für Migration geben wird, haben wir damit ein Signal und wir müssen darüber nachdenken, was bedeutet das für die Gesellschaft.

Wir haben natürlich eine offizielle Migrationspolitik und eine inoffizielle Migrationspolitik. Und ich formuliere es jetzt mal etwas zugespitzt, es gibt ja doch eine weite sowohl gesellschaftliche als auch politische Akzeptanz, dass es einen bestimmten Arbeitsmarkt gibt, der durch irreguläre Migration gefüllt wird. Und wo auch nicht wirklich ernsthaft was dagegen unternommen wird, das zu stoppen. Weil es klar ist, dass es diese Migration gibt und dass sie auch Bedürfnisse bedient, die auf dem europäischen Arbeitsmarkt nicht befriedigt werden können. Also, das nur als Merkposten. Es gibt den offiziellen Migrationsdiskurs und dann gibt es den durch die Hintertür. Wobei unser Ansatzpunkt ist zu sagen, das ist ein denkbar brutaler Migrationsprozess, weil der nämlich „the survival of the fittest" auf die Spitze treibt und die 5.000, die pro Jahr im Mittelmeerraum untergehen, den Preis dafür zahlen.

Inwieweit sollte Migrationspolitik stärker in die Entwicklungspolitik eingebunden werden?

Moritz: Die Leute aus den ärmsten der armen Länder migrieren nicht. Die haben dazu nicht das soziale Kapital, die haben dazu nicht die Finanzen. Also, aus den allerärmsten Ländern, wo die Leute 25 Cent am Tag zum Leben haben, gibt es relativ wenig Migranten. Das heißt, diese Länder, die ja z.B. in den Millenniumsentwicklungszielen mit angesprochen werden, kommen in der Debatte Migration, Entwicklung relativ wenig zum Tragen, weil von dort kaum Migration stattfindet. Und wenn überhaupt, dann ins Nachbarland, was im Regelfall auch ein relativ armes Land ist. Da sollte man sehr vorsichtig sein. Interessanter ist das für die schon etwas weiter entwickelten Länder mit zumindest einem bestimmten Teil der Bevölkerung, der sozial mobil ist, der auch zumindest in der Verwandtschaft Geld zusammenkratzen kann, um zu migrieren. Für die wird es interessant, und da gibt es viele Länder, die ganz klar sagen, die Diaspora ist Teil unserer Entwicklungsstrategie. Also, ein Land wie die Philippinen oder auch Senegal, die haben eigene Ministerien dafür, um zu gucken, wie können diese Leute dazu beitragen, dass es bei uns vorangeht. Das ist natürlich dann eine problematische Frage, die Leute gehen als Individuen, arbeiten individuell – kann man die einfach so vereinnahmen? Da ist die Frage, wie können eventuell Privatinteressen und Gemeinschaftsinteressen geschickt in Übereinstimmung gebracht werden. Es gibt eine ganze Menge in den letzten Jahren gestartete Privatprojekte, wie man z.B. dadurch, dass man von Regierungsseite – sei es in Herkunfts- oder Zielländern – Rücküberweisungen durch ein bisschen zusätzliches Geld aufstockt, Entwicklungsergebnisse haben kann. Da ist die Frage, wie können Migrantinnen und Migranten dazu beraten werden. Zurzeit in der EU-Entwicklungspolitik spielt es ganz am Rande und im Ansatz eine Rolle. Bislang war EU-Politik gegenüber Drittländern, wenn Migration gefragt war, eher eine Frage, welche Länder sind für uns interessant. Antwort war: Die Länder, die um uns drum herum sind, weil die uns die Leute vom Hals halten sollen. Da hat man dann auch oft geguckt, also im Rahmen einer Entwicklungszusammenarbeit, ob Migration eine Rolle spielte. Da findet langsam ein Umdenken statt. Aber auch da haben wir ein bestimmtes Kohärenzproblem. Es gibt so viele Akteure auf EU-Ebene zurzeit, dass die zum Teil auch massiv gegeneinander arbeiten. Unsere Beobachtung ist: Leute aus der traditionellen Entwicklungsarbeit hassen nichts mehr, als wenn man anfängt, ihnen in ihren Kram reinzureden. Wenn auf einmal diese gesamten Migrationsleute ankommen, ist das erst einmal sozusagen „vom Teufel". Auf Leitungsebene findet da ein etwas konstruktiverer Dialog schon statt. Bis das im Feld angekommen ist, wird es noch weitere fünf Jahre dauern, denke ich. Aber Ansätze sind da.

Migration:
Ein Entwicklungsimpuls
für Herkunftsländer?

Podiumsgespräch

Migration:
Ein Entwicklungsimpuls für die Herkunftsländer?

Eine Gesprächsrunde mit: M. Gaus Bashiri (Vize-Arbeitsminister, Kabul, Afghanistan), Ahmet Isufi (Minister für Arbeit und Soziales a.D., Pristina, Kosovo) und Yondon Battumur (Kulturattaché der Botschaft der Mongolei, Berlin)

M. Gaus Bashiri, Vize-Arbeitsminister, Kabul, Afghanistan:

Sehr geehrte Damen und Herren. Ich freue mich, dass ich an dieser Tagung teilnehmen kann und bedanke mich herzlich für die Einladung.

Das Ministerium für Arbeit, Soziales, Märtyrer und Behinderte arbeitet seit vier Jahren mit AGEF eng zusammen. AGEF hat für die Qualifizierung der Mitarbeiter im Arbeitsministerium und bei dem Aufbau der Employment Service Center, beim Training handwerklicher Berufe für Behinderte, Waisen, Migranten und ehemalige Militärangehörige, die jetzt im zivilen Bereich arbeiten, eine wichtige Rolle gespielt. Ich möchte mich bei Ihnen im Namen der afghanischen Regierung und Bevölkerung herzlich bedanken.

Viele Millionen Migranten arbeiten in fremden Ländern. Einige Länder haben bereits Erfahrungen mit regulierter, staatlich gesteuerter Arbeitsmigration. Und sie wollen dies weiter entwickeln. Arbeitsmigration spielt eine wichtige Rolle für die Verbesserung der wirtschaftlichen Lage der Menschen. Dazu gehören: Neue Erfahrungen sammeln, neue Maschinen und Geräte kennen lernen, Verbesserung der wirtschaftlichen Lage der Familien, Aus- und Fortbildung gering Qualifizierter zu Fachleuten, Kennen lernen neuer Produktionsmethoden, Erfahrungen sammeln im Management und Erfahrungsaustausch. Des Weiteren können Geldüberweisungen die wirtschaftlichen Entwicklung der Länder unterstützen. Und der Export von Arbeits-

113

migranten kann auch für die Herkunfts- und Aufnahmeländer einen wichtigen Beitrag zur interkulturellen Verständigung leisten. Natürlich kann Arbeitsmigration – besonders wenn entsprechende gesetzliche Regeln fehlen – auch negative Folgen für die Herkunftsländer haben, z.B. wenn akademische Fachleute abwandern. Und Arbeitsmigration kann auch Familien auseinanderbringen und Traditionen zerstören.

In den letzten 30 Jahren Krieg in Afghanistan sind viele afghanische Staatsangehörige in viele Länder der Welt migriert, besonders zahlreich in die Nachbarländer Pakistan und Iran. Dort hatten sie keine Möglichkeiten, sich aus- und fortbilden zu lassen. Wenn sie zurückkehren gehören sie zum Heer der Arbeitslosen in Afghanistan.

Die Aufnahmeländer sollten im Rahmen der internationalen Gesetze zweiseitigen Verträge mit den Entsendeländern abschließen über die Beschäftigung von Arbeitnehmern und zum Schutz ihrer Rechte, um damit auch möglichen späteren Konflikten vorzubeugen.

Die Islamische Republik Afghanistan hat während der letzten sechs Jahre Gesetze, die für den Export von Arbeitsmigranten nötig sind, erlassen. Auch der private Sektor kann auf dem Gebiet der Arbeitsmigration tätig zu werden. Das Ministerium für Arbeit und Soziales hat bereits drei privaten Unternehmen dazu die Lizenz erteilt Des Weiteren gibt es ein Gesetz zur Erteilung von Arbeitserlaubnissen an ausländische Arbeitnehmer. Das Ministerium für Arbeit und Soziales hat inzwischen mit einigen Ländern wegen der Übernahme von afghanischen Arbeitsmigranten Gespräche geführt.

Die afghanische Regierung und die Bevölkerung haben große Erwartungen an Migranten, die jetzt nach Afghanistan zurückkehren. Sie erwarten, dass sie sich in die Projekte des Staates einbringen und privat investieren, damit die Menschen im Land davon profitieren können. Arbeitsmigration kann ein großes Potenzial für die Senkung der Arbeitslosigkeit im Herkunftsland sein. Der Transfer von Geldern, die Tätigkeit von Banken und Investitionen kann zur wirtschaftlichen Entwicklung dieser Länder führen.

Im Hinblick auf den Wiederaufbau Afghanistans hat es positive Auswirkungen auf die Verbesserung der Arbeitsmarktlage, wenn gut ausgebildete Arbeitskräfte zurückkehren. In Afghanistan sind 30 bis 35 Prozent der Bevölkerung unterbeschäftigt. Und jährlich kommen viele Tausende Absolventen der Schulen und Universitäten auf den Arbeitsmarkt. Auch Behinderte, Waisen und Witwen, die die Rolle der Familienernährer übernehmen müssen, kommen noch zusätzlich auf den Arbeitsmarkt.

70 Prozent der Arbeitslosen haben keine berufliche Qualifikation. Für diese Gruppen hat die Regierung die Möglichkeiten geschaffen, dass sie durch Nichtregierungsorganisationen und Regierungsorganisationen qualifiziert werden und damit bessere Chancen auf dem Arbeitsmarkt haben können.

Die Industrienationen sollten der Qualifikation von Migranten mehr Bedeutung beimessen. Die entwickelten Länder können im Rahmen ihrer wirtschaftlichen Förderung der Entwicklungsländer auch die Qualifikation von Migranten verbessern, so dass diese nicht nur in ihren Herkunftsländern, sondern auch auf dem internationalen Arbeitsmarkt arbeiten können.

Industrienationen stehen durch niedrigen Geburtenraten und Überalterung ihrer Gesellschaften vor dem Problem, dass sie immer weniger Arbeitskräfte zur Verfügung haben. Dieses Problem kann durch Arbeitsmigration aus den Entwicklungsländern kompensiert werden und dies wiederum kann auch ein guter Beitrag sein zur Weiterentwicklung der wirtschaftlichen, kulturellen und gesellschaftlichen Beziehungen.

Statistiken zeigen, dass Entwicklungsländern wie Afghanistan eine Bevölkerungsentwicklung von 6,9 Prozent haben, während dieser Wert in den Industrienationen bei 2,1 Prozent liegt. Man kann sagen, dass Arbeitsmigration im 21. Jahrhundert zu den großen politischen Themen vieler Länder gehören wird.

Frage aus dem Publikum: Welche Rolle spielen Remittances?

Bashiri: Diejenigen Arbeitsimmigranten aus Afghanistan, die zurzeit auf der ganzen Welt verstreut arbeiten, schicken das Geld auf privatem Wege. Die Rücküberweisungen erfolgen nicht über Banken. Das hat natürlich recht positive Auswirkungen auf das Geld, denn es erreicht ohne Abzüge den Empfänger und bleibt in den jeweiligen Familien. Afghanistan macht zum ersten Mal Erfahrung mit Arbeitsimmigration. Und die aus dem Ausland Geld schicken sind keine „offiziellen" Arbeitsimmigranten. Aber die afghanische Regierung hat nun ersten Gespräche mit möglichen Zielländern geführt, so dass afghanische Arbeitskräfte auch im Rahmen staatlicher Verträge in anderen Ländern arbeiten können. Gespräche wurden geführt hauptsächlich mit den Golfstaaten Katar, Dubai, Kuwait und Bahrain, sowie mit der islamischen Republik Iran. Dort leben seit Ausbruch des Krieges in Afghanistan mehrere Hunderttausend Afghanen. 300.000 werden dort als Arbeitsimmigranten angenommen und nicht nach Afghanistan zurückgeschickt. Und vor drei Wochen ist eine erste Gruppe afghanischer Arbeitsimmigranten offiziell nach Dubai ausgeflogen, um dort zu arbeiten.

Frage aus dem Publikum: Welche Rolle spiet die ILO in Afghanistan?

Bashiri: 70 Prozent der Menschen, die in Afghanistan arbeitslos sind, haben keinerlei berufliche Qualifikation. Die ILO ist eine der ältesten Organisationen der UNO. Sie mischt sich in die Politik des jeweiligen Staates nicht ein. Die afghanische Regierung hat vor zwei Jahren ein nationales Ausbildungsprogramm verabschiedet. Im Rahmen dieses Programms sollen der jungen Generation mehr Ausbildungsmöglichkeiten angeboten werden. In diesem Zusammenhang haben wir 18 Ausbildungszentren in verschiedenen Provinzen Afghanistans geschaffen, in denen junge Menschen Berufe lernen können. Gleichzeitig wird auch Arbeitsmarktforschung betrieben, was es früher nicht gab. Im Rahmen dieser Aktionen kooperiert das Arbeitsministerium mit einer Reihe von Ländern wie Japan und Korea. Auch AGEF hat als NGO dazu beigetragen, dass viele Ausbildungszentren in Afghanistan aufgebaut wurden und 70 bis 75 Prozent derjenigen, die diese Ausbildungszentren absolvieren, finden im Anschluss einen Job ihrer Qualifikation entsprechend.

Die afghanische Regierung arbeitet zurzeit an einer nationalen Beschäftigungsstrategie. Diese soll dazu führen, dass das Bildungsministerium prognostizieren kann, welche Ausbildungen in Afghanistan in zehn oder in zwanzig Jahren gebraucht werden, was die Absolventen der Schulen und der Universitäten auf dem Arbeitsmarkt erwartet. Zurzeit haben wir in Afghanistan jährlich 62.000 Schulabgänger. 20.000 davon gehen zu den verschiedenen Universitäten und der Rest kommt auf den Arbeitsmarkt. Und somit wird die Anzahl der Arbeitslosen in Afghanistan steigen, weil die Möglichkeiten der beruflichen Qualifikation gegenwärtig noch fehlen.

Frage aus dem Publikum:
Wie groß ist der Anteil von Frauen in den Ausbildungen?

Bashiri: Im Rahmen der Programme, die die Regierung für die Ausbildung der jungen Generation durchführt, sind mehr 45 Prozent der Teilnehmer Frauen. Die Regierung fördert die Teilnahme von Frauen an den Ausbildungsmaßnahmen. Aber das ist in Afghanistan regional sehr verschieden. Dass Frauen nicht alle Berufe erlernen bzw. später ausüben können, ist gesellschaftlich bedingt. Aber z.B. im Norden des Landes in der Teppichweberei arbeiten mehr Frauen als Männer.

Ahmet Isufi, Minister für Arbeit und Soziales a.D., Pristina, Kosovo:

Ich bin froh, dass ich hier sein und zu einem so wichtigen Thema sprechen kann, das nicht nur für Kosovo sondern auch für Deutschland von Bedeutung ist. Wir haben eine gute Kooperation seit 2001 zu dem Thema Migration und Zusammenarbeit. Und dieses Thema ist nach wie vor von Bedeutung, denn zur Zeit leben mehr als 200.000 Kosovaren in Deutschland. Ich will kurz die Situation des Kosovo darstellen, das bis jetzt unter UN-Verwaltung stand und nun übergeht in seine Selbständigkeit. Kosovo hat eine Fläche von 1.000 Quadratkilometer und ca. zwei Millionen Einwohner. Die Arbeitslosigkeit in Folge des Krieges und der gesellschaftlichen Umbrüche liegt bei 42 Prozent, davon sind fast die Hälfe Frauen. Die höchste Quote unter den Arbeitslosen sind die niedrig bzw. gar nicht Qualifizierten. Und zum zweiten ist die junge Generation besonders betroffen und das birgt sozialen Probleme. Als Minister für Arbeit und Soziales habe ich fünf Jahre lang versucht, dieses Thema pragmatisch und sehr realistisch anzugehen. Und nebenbei hier ein Dank an AGEF, die durch konkrete Aktivitäten sehr viel getan hat, um durch Weiterbildungen und Trainings positiven Einfluss auf die Entwicklung der Arbeitslosigkeit zu nehmen. Es wurde ein Weiterbildungszentrum aufgebaut, das Trainings anbietet für Berufe, die auf dem Arbeitsmarkt nachfragt werden.

Wichtig ist auch, dass im Kosovo eine Reihe von Gesetzen erlassen wurden, die ausländischen Investoren gute Rahmenbedingungen bieten und ich würde mich freuen, wenn deutsche Investoren davon mehr Gebrauch machen würden.

Ein Schlüssel zur Lösung vieler Probleme bei uns ist die Frage des Status des Kosovo, und da geht es ja nun vorwärts. Also, zurzeit sind die gesetzlichen Rahmenbedingungen im Kosovo so, dass ausländische Investoren noch nicht ohne Probleme in Kosovo kommen können. Die gesamten Fonds aus den Privatisierungsprozessen, die ja seit ein paar Jahren gelaufen sind, sind gegenwärtig bei ausländischen Banken blockiert. Das betrifft ebenfalls Rentenfonds. Davon sind viele Prozesse der Zusammenarbeit mit dem Ausland betroffen. Ich rechne damit, dass viele Kosovaren, die in Deutschland leben, in einem unabhängigen Kosovo investieren werden. Das wird sowohl dem Kosovo nutzen und indirekt auch einen positiven Beitrag für Deutschland bringen.

Meine Bitte wäre, für die kosovarischen Migranten, Maßnahmen zur Qualifizierung und Weiterbildung durchzuführen – entweder noch in Deutschland oder nach ihrer Rückkehr im Kosovo.

Frage aus dem Publikum: Welche Rolle spielen Remittances?

Isufi: Es gab zwei Phasen von Immigration aus dem Kosovo nach Deutschland. Die erste Phase war so ab 1960, als Arbeitskräfte für kurze Zeit von Deutschland angeworben wurden, aber dann lange Zeit geblieben sind. Das Geld, das damals in die Heimat geschickt wurde, war für die Existenzsicherung der Familie, weil – es waren große Familien ohne weitere Einkommen. Nach 1990 kam die zweite große Gruppe von Migranten. Das waren junge Leute, die Kosovo verlassen mussten aus politischen Gründen. Und diese Generation jetzt ist eine gemischte Generation, diese haben nicht nur gearbeitet, sondern viele von ihnen wurden auch hier aus- und weitergebildet und haben hier studiert. Und bei denen gibt es Überlegungen, das Kapital auf andere Weise zu verwenden. Viele von ihnen schicken das Geld nach Hause nicht nur für die Existenzsicherung der Familie, sondern gründen mit dem Kapital Unternehmen und befördern so weitere Entwicklung unseres Landes. Das Kosovo befindet sich jetzt in der Vorbereitungsphase auf die Erlangung eines selbständigen völkerrechtlichen Status und wenn das erreicht ist, wird es mehr Klarheit geben über die Wege und Möglichkeiten von Investitionen aus dem Ausland.

Frage aus dem Publikum: Welchen Bedarf hat der Kosovo, Arbeitskräfte zu exportieren, um den eigenen Arbeitsmarkt zu entlasten?

Isufi: In der Vergangenheit sprach man über eine Million Kosovaren, also die Hälfte der Einwohner des Kosovo, die ihr Land verlassen hätten. Gleich nach dem Krieg ist ein Teil von ihnen zurückgekommen, obwohl z.t. ihr gesamtes Eigentum, ihre Häuser usw. zerstört waren und obwohl die Lage noch nicht stabil war. Der andere Teil der Emigranten blieb im Gastland, hauptsächlich in Europa. Gleich nach dem Krieg und vorher war die Tradition, dass man seine Familie unterstützte. Aber seit ein paar Jahren, seit zwei oder drei Jahren geht die Unterstützung in eine wirtschaftliche Richtung. Also vorher waren das die Leute, die einfach einen Teil des Lohnes zu ihrer Familie geschickt haben. Jetzt sprechen wir über die Migranten, die Unternehmen gegründet haben und ein Teil dieser Unternehmen auch im Kosovo. Die offenen Grenzen ermöglichen es mehr oder weniger in beiden Ländern Unternehmen zu gründen und zu führen. Und ich bin sicher, dass es in den nächsten zehn Jahren zu einer fachlichen Migration kommen wird und zwar in beide Richtungen.

Es gibt im Kosovo ein Ungleichgewicht zwischen dem Bedarf an Fachkräften und dem vorhandenen Angebot. Die Nachfrage von Unternehmen ist sehr viel größer als das, was an Fachkräften da ist. Wenn kosovarische Arbeitslose aus- und weitergebildet werden würden, dann würden wir zwei Effekte erzielen. Der erste Effekt wäre, dass der Bedarf des kosovarischen Arbeitsmarktes befriedigt werden könnte und der zweite wäre, dass wir Fachkräfte exportieren könnten. Die Voraussetzungen dafür sind sehr gut, denn es geht um eine Generation, die sehr fähig und bereit ist zu lernen und sich weiterzubilden. Es geht um eine Generation, in der fast jeder zwei Fremdsprachen spricht, also Englisch und Deutsch, und sie sind sehr motiviert, wenn sie sehen, dass es etwas bringt.

Frage aus dem Publikum: Gehen kosovarische Frauen auch ohne ihre Ehemänner in Arbeitskräfteaustauschprogramme, so wie beispielsweise viele Frauen aus Indonesien oder Philippinen weltweit arbeiten:

Isufi: Im Kosovo hat sich viel geändert, besonders seit dem letzten Jahr. Auch die Anwesenheit der vielen internationalen Organisationen hat da einiges bewirkt. Heute gibt es kaum noch Unterschiede in der Arbeitswelt in Bezug auf Männer und Frauen, und wer jetzt kürzlich im Kosovo war, hat das sicher auch bemerkt. Insofern ist es durchaus denkbar, dass Frauen als Fachkräfte in ein anderes Land entsandt werden können. Worauf es letztlich ankommt sind die beruflichen Fähigkeiten, und nicht das Geschlecht.

Yondon Battumur, Kulturattaché der Botschaft der Mongolei, Berlin:

Vielen Dank für die Möglichkeit, hier sein zu dürfen. Zunächst ein paar Worte über mich: Ich habe in der ehemaligen DDR Maschinenbau studiert und nach meinem Studium habe ich zu Hause jahrelang auch mit deutschen Organisationen zusammengearbeitet. Seit sechs Jahren bin ich beim unserem Auswärtigen Amt tätig und Ende September letzten Jahres kam ich nach Deutschland und wurde Kulturattaché an unserer Botschaft.

Die Mongolen, die in Deutschland studierten oder hier ausgebildet wurden, haben eine sehr wichtige Rolle für die Beziehungen unserer beiden Länder. In der Mongolei gibt es ungefähr 30.000 Menschen, die Deutsch sprechen oder verstehen, bei ca. 2,3 Millionen Einwohnern insgesamt ist das eine ganze Menge. Wenn man mit den Leuten auf der Straße spricht, dann findet man immer jemanden, der einen auf Deutsch den Weg weisen kann.

Deutschland ist für die Mongolen das Hauptpartnerland in Europa. Traditionell studierten schon viele Mongolen hier und das setzt sich dann natürlich fort bei den nächsten Generationen. Deutschland hat als Studienort einen guten Ruf in der Mongolei und zwar für verschiedene Studienfächer, z.B. Maschinenbau, Jura und auch Medizin. Als ich studierte, haben mit mir sehr viele Mongolen ingenieurtechnische Richtungen gewählt. Für die Fachrichtungen Germanistik oder ähnliches gab es damals weniger Interesse. Das ist heutzutage anders.

Von Seiten der mongolischen Regierung gibt es großes Interesse an den technischen Richtungen und man überlegt derzeit, Stipendienfonds einzurichten. Das ist jetzt im Gespräch zwischen Deutschland und der Mongolei. Das wäre eine große Unterstützung für die Studenten. Und es gibt auch viele Mongolen, die gerne im Ausland arbeiten möchten. Mit Korea haben wir ein Gastarbeiterabkommen. Ich glaube, mehr als 10.000 Leute arbeiten inzwischen in Korea, es gibt ein großes Interesse an der Arbeit dort, vor allem auch wegen des Geldes, das man dort verdienen kann, denn das ist mehr als zu Hause. Die Rücküberweisungen spielen eine große Rolle für unser Land. Viele die im Ausland arbeiten, unterstützen in großem Maße ihre Familien zu Hause durch die Überweisungen.

Viele würden auch gern in Deutschland arbeiten, aber zur Zeit ist das nicht möglich, weil sie keine Arbeitserlaubnis bekommen. Wir haben zweijährige Regierungsverhandlungen mit Deutschland, aber diese beziehen sich mehr auf den Bereich Studium.

Doch die Zahl der mongolischen Studenten in Deutschland geht stetig zurück. Vor zwei Jahren war es 1.500 und jetzt sind es noch 1.300. Hauptsächlich hängt das mit der finanziellen Situation zusammen, weil viele ihr Studium nicht selbst finanzieren können, viele brechen dann ab und gehen nach Hause zurück. Aber wer in Deutschland studiert hat, auch wenn er das Studium abbricht, hat trotzdem zu Hause einen guten Ruf. Man sagt bei uns, die Deutschen sind sehr pünktlich und sehr gründlich und auch sehr diszipliniert. Und davon nehmen natürlich die Migranten, die hier studiert haben oder gearbeitet haben, viel mit und das hilft dann auch uns zu Hause.

Aber auch Berufsausbildung ist sehr wichtig. Ich finde es sehr gut, dass die Deutschen jetzt in der Mongolei eine Berufsausbildungsschule aufbauen möchten. Das ist eine wichtige Unterstützung für uns. Eigentlich ist es auch besser, wenn die Deutschen in der Mongolei eine Berufsausbildungsschule aufmachen und die Mongolen dann dort Berufe lernen können. Das ist vielleicht besser, als wenn die Mongolen hierher kommen. Es gab auch GTZ-Projekte, die sind schon beendet, wo Kraftwerksarbeiter in einem Berufsschulausbildungszentrum gelernt haben und das war auch sehr gut.

Arbeitsgruppen zu
konkreten Fragen der Umsetzung

Arbeitsgruppe 1

Was heißt Beschäftigungsfähigkeit und Beschäftigungsförderung im Gast- und im Herkunftsland?

1. Begriffsklärung

Beschäftigung („employment")

Beschäftigung ist ein Arbeitsverhältnis bei dem ein Arbeitsuchender und ein Arbeitgeber eine Vereinbarung abschließen zur längerfristigen Durchführung beruflicher Arbeiten gegen Entgelt.

Beschäftigungsfähigkeit („employability")

Beschäftigungsfähigkeit umschreibt die Fähigkeit einer Person eine Beschäftigung zu finden, von zwei Seiten:

- einerseits als den Wert dieser Person als Arbeitskraft in den Augen eines potentiellen Arbeitgebers,
- andererseits als die Fähigkeit dieser Person ihre eigenen Kenntnisse, Fertigkeiten und Einstellungen einem Arbeitgeber so zu präsentieren, dass dieser zum Abschluss eines Arbeitsvertrags bereit ist.

Dies bedeutet, dass Beschäftigungsfähigkeit ein komplexes Konzept umschreibt, das einem Individuum die Verantwortung zuweist je nach nationalem oder regionalem Arbeitsmarkt und beruflichem Umfeld seine Fertigkeiten und Kenntnisse so zu erweitern, dass es ihm möglich ist mit gewünschten Arbeitgebern Arbeitsverträge abschließen zu können.

Diese Eigenverantwortung des Individuums kann gestärkt werden durch unterschiedliche Informations-, Beratungs- und Trainingsangebote. Sie sollen dem Individuum helfen bei seinen Entscheidungen:

- Welche Beschäftigungschancen habe ich in einem bestimmten Arbeitsmarkt unter Beachtung meiner Fertigkeiten, Kenntnisse und Berufswünsche?
- Was muss ich gegebenenfalls tun, um meine Chancen zu verbessern?
- Welche Förderangebote stehen mir gegebenenfalls zur Verfügung?

Beschäftigungsförderung („employment promotion")

Beschäftigungsförderung umschreibt Maßnahmen staatlicher oder privater Träger, die den Arbeitsmarktzugang bestimmter Personengruppen erleichtern sollen. Solche Programme gehen in der Regel davon aus, dass bestimmte Gruppen erschwerte Zugangsbedingungen zum Arbeitsmarkt haben, die es auszugleichen gilt. Solche Programme gibt es sowohl in den europäischen Gastländern für Migranten und Flüchtlinge (z.B. das europäische Förderprogramm EQUAL) als auch als Reintegrationsförderprogramme.

Beschäftigungsförderung ist nicht auf die Reintegrationsförderung beschränkt, sondern ist eines der vielseitigsten Instrumente bei der Bekämpfung von Unterentwicklung eines Landes. So wird Beschäftigungsförderung etwa in Afghanistan zur Reduzierung von Terrorismuspotentialen und im Rahmen der Drogenbekämpfung eingesetzt und leistet in diesen Kontexten wichtige Beiträge zur Stabilisierung der Sicherheitslage und so zur wirtschaftlichen und politischen Stabilität des Landes.

2. Thesen

1. Zentrales Problem für alle Formen der Migration und für alle Migranten ist die Frage nach dem Einkommen und dem Lebensunterhalt. Dafür ist die Beschäftigungsfähigkeit von zentraler Bedeutung, egal in welchem Land und gleich welcher Migrationsgrund vorliegt.

2. Neben mangelnder Beschäftigungsfähigkeit durch geringe Sprachkenntnisse, fehlende berufliche Qualifikationen und interkulturelle Anpassungsschwierigkeiten hemmen in fast allen europäischen Gastländern staatliche Regelungen den Zugang zum Arbeitsmarkt. In vielen Fällen soll die Beschäftigungsfähigkeit zumindest zeitweise auf Null gesetzt werden.

3. In diesen Gastländern mit ihren hoch entwickelten, alimentierenden Sozialsystemen wird gewollte Beschäftigungsunfähigkeit bestimmter Personengruppen billigend in Kauf genommen. Dabei wird vernachlässigt, dass durch die Beschäftigungslosigkeit
   a. hohe Belastungen für die Sozialhaushalte entstehen,
   b. Flüchtlinge und Migranten von weiten Teilen der Öffentlichkeit als Sozialschmarotzer wahrgenommen und Ziel Fremden feindlicher Aktionen werden und
   c. bei langer Beschäftigungslosigkeit die Beschäftigungsfähigkeit beeinträchtigt und u. U. unwiderruflich geschädigt wird.

4. Die Problematik ist insbesondere auf der Ebene der EU-Kommission seit Jahren bekannt – einer der Gründe, die dem europäischen Förderprogramm EQUAL zugrunde lagen. Das Programm sollte den Barrieren entgegenwirken, die den Zugang von Flüchtlingen und Migranten zu den nationalen europäischen Arbeitsmärkten behindern.

5. EQUAL und andere Programme haben gezeigt, dass durch zielgruppenspezifische und arbeitsmarktbedarfsgerechte Maßnahmepakete die Beschäftigungsfähigkeit beträchtlich erhöht und soweit staatliche Regelungen liberalisiert werden, auch Beschäftigung erreicht werden kann.

6. Hierbei ist der den Einzelnen zur Verfügung stehende Zeitrahmen von entscheidender Bedeutung. Wenn ein langfristiger Aufenthalt im Gastland gesichert ist, kann ein den persönlichen Fähigkeiten und Wünschen entsprechender Zugang zu allgemeiner und beruflicher Bildung sowie zum Arbeitsmarkt angestrebt werden. Hier greifen in der Regel die Förderprogramme, die in diesem Gastland generell zur Verfügung stehen.

7. Schwierig ist die Situation für diejenigen deren Aufenthalt zeitlich befristet ist. Wenn es um ihre Beschäftigungsfähigkeit nicht im europäischen Gastland, sondern im Heimatland geht, müssen einige Vorbehalte formuliert werden:
   a. In der Regel sind am ehesten Fachkräfte mit einer abgeschlossenen Berufsausbildung und mehrjähriger Berufserfahrung zu vermitteln.

b. Berufliche Praxis in westeuropäischen Ländern, die Sekundärtugenden wie Pünktlichkeit, Genauigkeit, usw. vermitteln, die in anderen Ländern zur Transformation der betrieblichen Praxis geschätzt werden, können die Vermittlungschancen erhöhen.

c. Am niedrigsten ist die Wahrscheinlichkeit einer nennenswerten Verbesserung der Vermittlungschancen bei kurzzeitigen und berufsfremden Bildungsangeboten ohne Berufserfahrung.

8. Diese Skala der Wertigkeit beruflicher Bildung und Erfahrung für die Vermittlung in Arbeit zeigt, dass in Westeuropa unmittelbar vor der Rückkehr über berufliche Bildung nur wenig für eine Erhöhung der Vermittlungschancen getan werden kann.

9. Bei einem kurzen Zeithorizont sollten die beruflichen Ausbildungsbemühungen mit den Vermittlungsbemühungen im Heimatland gekoppelt werden. Hier kann berufliche Bildung kostengünstiger und zielgenauer zu Arbeitplatzvermittlung führen. Dazu tragen bei:

a. Die Rückkehrenden können vor Ort auf die Anforderungen des nationalen, regionalen oder lokalen Arbeitsmarktes informiert und eingestimmt werden.

b. Weiterbildungen können mit Kenntnis des konkreten Arbeitsmarktes oder eines konkreten Betriebes und seiner Arbeitplätze geplant und zum Teil auch im Betrieb oder in Abstimmung mit dem Betrieb durchgeführt werden.

c. Mit konkreten Arbeitgebern können Praktika oder Probezeiten vereinbart werden.

d. Je nach Förderprogramm kann der Arbeitsuchende Zuschüsse zu Lohn oder Arbeitsplatzausstattung erhalten.

e. Betriebseigner können Investitions- oder Lohnkostenzuschüsse erhalten.

10. Unabhängig vom Gesichtspunkt der Beschäftigungsförderung sind auch sozial Gesichtspunkte bei Rückführungen zu beachten. Die soziale Verantwortung der Gastländer endet nicht mit dem Grenzübertritt. In schwierigen Einzelfällen müssen auch Auffangstrukturen vor Ort möglich sein.

11. Beschäftigungsförderung setzt auf die eigenverantwortliche Mitwirkung von Rückkehrenden, dennoch ist dies keine hinreichende Voraussetzung für eine erfolgreiche Vermittlung. Diese setzt vielmehr das Vorhandensein freier Arbeitsplätze und die Bereitschaft diese auch an Rückkehrende zu vergeben voraus. Insofern sind Betriebseigner und hier insbesondere die von kleineren und mittleren Unternehmen (KMU) die kritische Komponente in der Beschäftigungsförderung.

12. KMUs können für eine Mitwirkung in der Beschäftigungsförderung gewonnen werden, wenn eines oder eine Kombination der folgenden Angebote zu einer Stabilisierung oder Ausweitung ihrer betrieblichen Aktivitäten und zur Verbesserung des Betriebsergebnisses beitragen:
    a. Beratung zur Verbesserung des Betriebsergebnisses,
    b. Investitionszulagen für die Schaffung und Bereitstellung von neuen Arbeitsplätzen,
    c. Lohnkostenzuschüsse für Neueinstellungen,
    d. Ausbildungs-, Trainingszuschüsse,
    e. Durchführung von Arbeitsplatz bezogenen Anpassungstrainings vor der Einstellung,
    f. Hilfe bei der Beschaffung von Gebrauchtmaschinen,
    g. Hilfe für die Vermarktung von Produkten und Dienstleistungen, z.B. Visa Erleichterungen für den Besuch von Messen innerhalb der EU,
    h. Unterstützung bei der regionalen/nationalen Selbstorganisation von Betrieben.

13. Von derartigen Maßnahmen können auch Personen profitieren, die sich gegen ein Beschäftigungsverhältnis und für eine selbständige Existenz entschieden haben. Sie können bereits bei der Ausarbeitung der Geschäftidee und der Beantragung von Fördermitteln unterstütz und nach der Existenzgründung begleitet werden.

14. Maßnahmen der Beschäftigungsförderung müssen mit den nationalen Strukturen und Behörden abgestimmt werden. Hier müssen Interessengegensätze

der beteiligten Ministerien beachtet werden. Häufig stehen z.b. Erziehungs-
und Arbeitsministerien in einem Spannungsverhältnis um Einfluss und Finanzmittel. Beschäftigungsförderung in Post-Konfliktländern hat häufig nur ein kur-
zes Zeitfenster für Interventionen. Dies ist einer der Gründe, die einer Zusammenarbeit mit Arbeitsministerien den Vorzug geben.

15. Finanzmittel für Beschäftigungsförderung in Post-Konflikt Ländern kommen zu
    einem großen Teil von den Innenministerien europäischer Gastländer, die ihre
    Zahlungen nach innenpolitischen Gesichtspunkten, d.h. Rückführung bestimmter
    Personengruppen ausrichten. Eine einseitige Förderung von Rückkehrenden
    aus Europa wäre jedoch eine Bedrohung des sozialen Friedens. Es ist notwen-
    dig derartige Förderungen nicht primär nach europäischen innenpolitischen,
    sondern an entwicklungspolitischen Kriterien zu orientieren.

16. Beschäftigungsförderung ist mehr als nur Rückkehrförderung. Sie eignet sich
    auch für die Qualifizierung und Vorbereitung unterschiedlicher Migranten-
    gruppen:
    a. Beschäftigungsfördermaßnahmen wie etwa Anlernprogramme sind für grö-
       ßere Gruppen von gering qualifizierten Migranten sehr gut geeignet.
    b. Für hochqualifizierte Migrantengruppen sind ausgewählte Maßnahmen
       (wie Vermittlung, Sprachtraining bis zur Förderung der Arbeitsaufnahme)
       sinnvolle Begleitkomponenten um die Effektivität ihres Einsatzes zu ver-
       bessern.
    c. Eine Nutzung der Potentiale von gut bis hochqualifizierten Migranten und
       deren zielgerichteter Einsatz für die Arbeitsmarktprobleme europäischer
       Staaten und die Entwicklung ihres Herkunftslandes werden derzeit unter
       der Überschrift „zirkuläre Migration" diskutiert. Die dabei befürchteten
       Auswirkungen auf das Lohngefüge der Heimatländer sowie die Suche nach
       dem richtigen zeitlichen Rahmen stellen drängende Fragen, die möglichst
       rasch angegangen werden sollten.

17. Darüber hinaus können Beschäftigungsförderprogramme auch ein politisches
    Mittel zur Reduzierung von Migrationsgründen sein, und damit zur Verringe-

rung von Migration aus armen Herkunftsländern beitragen. Eine stabilisierte Einkommenssituation ist ein wesentlicher Aspekt von Stabilität.

18. Es wird häufig unterschätzt welche Frieden sichernde Wirkung Maßnahmen der Beschäftigungsförderung in Post-Konflikt Ländern haben können. Länder mit sehr hohen Raten von Arbeitslosigkeit (50 Prozent und mehr) weisen gerade unter jungen Männern ein hohes Konfliktpotential auf, das leicht zur Gewaltanwendung verführt werden kann. Demgegenüber sind diejenigen, die ihre Familie durch ihre eigene Arbeit gründen und ernähren können, weniger geneigt den Verführungen extremer Kräfte nachzugeben. Bei einem Vergleich des Mitteleinsatzes für Beschäftigungsförderung und für militärische Aktionen wird rasch deutlich, dass Beschäftigungsförderung eine kostengünstige Alternative sein kann als präventive Maßnahme zur Vermeidung oder Reduzierung militärischer Operationen.

Arbeitsgruppe 2

Wie nutzt man Remittances und Fonds für die Entwicklung?

I. Zielsetzung:
Schaffung der *Voraussetzung* zur Intensivierung von Remittances

Remittances im engeren Sinne sind Zahlungen in Milliardenhöhe für Millionen Menschen! Fazit: Bei den einzelnen Transaktionen handelt es sich um betraglich verhältnismäßig kleine Zahlungen von Migranten oder Menschen mit Migrationshintergrund. Sie stellen ein wesentliches Instrument der direkten finanziellen Unterstützung der im Heimatland verbliebenen Familienangehörigen dar und wirken Existenz sichernd. Diese Zahlungen werden zum aller größten Teil direkt für die Konsumtion sowie für Bildung und Gesundheitsdienstleistungen etc. der Familienangehörigen genutzt. Der aktuell diskutierte Ansatz, diese Zahlungen stärker als bisher in den Kontext der finanziellen Entwicklungszusammenarbeit einzubinden und vor diesem Hintergrund auch in die Entwicklung von Infrastruktur oder wirtschaftliche Entwicklung einzubinden, wird durch die Arbeitsgruppe nicht geteilt.

Die wesentlichen Hemmnisse der Intensivierung als auch erhöhten Transparenz dieser Zahlungen stellen sich für die AG wie folgt dar:

1. Generell, bisher eher geringe Sensibilisierung der deutschen Publikumsbanken für dieses Thema. Allgemein stehen nicht Migranten, sondern Kundengruppen mit Ihren spezifischen Bedürfnissen, im Focus der Banken! Dies bedeutet einen anderen Blickwinkel mit zwangsläufig anderen Ansätzen.
   Empfehlung: Erhöhung der Sensibilisierung der Banken für das generelle Potential im Geschäft mit Migranten. Dabei dient der Auslandszahlungsverkehr als ANKER für weitere Dienstleistungen und Produkte!

2. Unzureichend belastbare bzw. aussagekräftige Finanzstatistiken, die als Grundlage einer adäquaten Produktentwicklung/-Weiterentwicklung und zur Abschätzung von Wertschöpfungspotentialen für die Akteure im Prozess der Finanztransaktionen unverzichtbar sind.
Empfehlung: Harmonisierung und Weiterentwicklung der Erhebung belastbarer statistischer Grunddaten über Migration/Migranten allgemein und Remittances speziell, sowie regelmäßige Veröffentlichung für Adressaten.

Mangelnder Wettbewerb der beteiligten Akteure im Finanztransaktionsprozess führt zu Monopolisierung und verbraucherunfreundliche Preisgestaltung.
Empfehlung: Auf- und Ausbau von öffentlich zugänglichen Informationsmedien über Finanzinstitutionen und deren Transaktionskosten etc., aufbereitet nach Verbraucherschutzgrundsätzen.

3. Häufig nicht vorhandenes Bankensystem bzw. mangelnde Standards in den Empfängerländern.
Empfehlung: Intensivierung der technischen und finanziellen Entwicklungszusammenarbeit zum Auf- bzw. Ausbau der notwendigen Finanzinfra- und Finanznetzwerkstruktur sowohl in Deutschland als auch in den Heimatländern der Migranten.

II. Identifikation von *Bedingungen* zur Produktentwicklung und zum erfolgreichen Einsatz von EZ-Fonds

Fazit: EZ-Fonds, als spezielle Anlageinstrumente könnten für einen speziellen Anlegerkreis z.B. finanzkräftige Mitglieder der Diaspora, eine interessante Ergänzung in ihrem Kapitalanlageverhalten darstellen. Dabei ist jedoch der Umfang der notwenigen Finanzmittel, allein aus privaten Investitionen fraglich. Ergänzend zu Privatinvestitionen sollten internationale EZ-Finanzmittel als auch lokale öffentliche Investitionsmittel in den Fonds eingebracht werden.

Eine breitere Nutzung durch größere Teile der Migranten, wird jedoch angezweifelt!

Im Kontext einer strategischen und operativen Produktentwicklung von EZ Fonds wurden durch die AG die folgenden Punkte herausgearbeitet;

1. Grundvoraussetzung der Entwicklung und des Einsatzes von EZ – Fonds ist ein technisch und aufsichtsrechtlich funktionierendes Bankensystem in den Projektländern!
   Empfehlung: Intensivierung der technischen und finanziellen Entwicklungszusammenarbeit zum Auf- bzw. Ausbau der notwendigen finanztechnischen Infrastruktur in den Heimatländern der Migranten/Diaspora.

2. Die klare Zielgruppendefinition sowie eine qualifizierte Bedarfsanalyse auf Investorenseite sind zwingend erforderlich!
   Empfehlung: Vergleichend mit aktuellen Produktentwicklungen z.b. von Nachhaltigkeitsfonds und der dabei speziell angesprochenen Anlegerklientel, sollte zunächst eine Bedarfsanalyse bzw. Anlegerverhaltensstudie im Rahmen einer gezielten Ansprache von z.b. institutionellen Anlegern und/oder Mitgliedern einer sozio-ökonomisch gefestigten Diaspora, sowie weiteren, potentiell interessierten Anlegern, erfolgen.

3. Professionelles Fondsmanagement und ein Höchstmaß an Transparenz des Mitteleinsatzes bis auf die Ebene des Einzelprojekts sind zwingende Voraussetzungen des zu schaffenden Anlegerinteresses und -vertrauens, verursachen aber gleichzeitig auch hohe Aufwendungen für Management und Verwaltung!
   Empfehlung: Schaffung von inhaltlichen und technischen Investorenanreizen.

Im Zusammenhang mit den aufzubauenden Strukturen für Mittelherkunft z.B. in Deutschland und den Mitteleinsatz in den Herkunftsländern ist das Erreichen eines Fondsmindestvolumen zwingend erforderlich. Vergleichbare Spezialfonds für institutionelle Anleger werden i.d.R. erst ab einem Volumen i.H.v. 20 Mio. EUR aufgelegt bzw. gemanagt.

Insbesondere bei der Ansprache von Teilen der Diaspora sind Bezüge zu den jeweiligen Herkunftsländern bis hin zu Mitspracherechten bei Investitionsentscheidungen sicherzustellen.

135

Die Investoren müssen in angemessener Weise an dem wirtschaftlichen Erfolg partizipieren. Ggf. müssten zusätzliche Anreize, z.b. Steuerminderungen bei den Investoren, geschaffen werden.

Die angemessene Risikodiversifizierung innerhalb des Projekt-Portfolios des EZ-Fonds stellt eine weitere Voraussetzung für eine erfolgreiche Ansprache von potentiellen Investoren dar. Dies bedingt eine Mindestanzahl von Projekten sowie deren qualifizierte Begleitung.

Die im Zusammenhang mit wirtschaftlichen Ausfällen von Projekten stehenden finanziellen Verluste bzw. Haftungen für die privaten Investoren sollten auf ein Mindest- maß begrenzt werden. Hierzu könnte die klare Definition von Ausfallklassen bzw. -rängen, (vgl. hierzu Modelle bereits implementierter Refinanzierungsfonds z.B. EFSE) einen zusätzlichen Anreiz zur Investition darstellen.

Arbeitsgruppe 3

Was kann unternehmerisches Handeln bewirken?

Perspektive der Unternehmen

1. Die Rolle der Wirtschaft sollte stärker im Mittelpunkt der öffentlichen Diskussion zum Thema stehen. Unternehmen sind die entscheidenden Nachfrager nach Personalressourcen und sind in der Position, ihren Bedarf konkret an die politisch Verantwortlichen zu lancieren. Alarmsignale aus der Wirtschaft in Bezug auf Mangel an bestimmten Qualifikationen (z.B. Ruf nach IT-Fachkräften) werden von der Politik nicht ignoriert und mit einiger Verzögerung wird darauf reagiert. Für die Politik besteht in der Regel bei solchen Nachfragen die Herausforderung, auch für andere Wählerschichten konsensfähige Lösungen anzubieten.

2. Eine ausgewogene Zu- und Abwanderung liegt im Interesse von Unternehmen. Die gesetzlichen Regelungen in Deutschland einschließlich der Neuerungen des Zuwanderungsgesetzes ermöglichen es für Unternehmen in Deutschland nicht, ihren Bedarf an Personal durch Zugänge aus Drittländern flexibel und entsprechend der konjunkturellen Lage zu gestalten bzw. zu regeln. Die fortbestehende starke Reglementierung als Steuerungsinstrument für ausländische Arbeitskräfte ist aus arbeitsmarkts- und sozialpolitischen Gründen in Deutschland nachvollziehbar, aber aus Unternehmensinteressen heraus und unter Berücksichtigung der demografischen Entwicklungen nicht dauerhaft aufrecht zu erhalten.

3. Die fortbestehende Reglementierung der Zuwanderung wirkt sich sowohl für die Entsende- als auch die Empfängerländer negativ aus. Unternehmen brauchen insbesondere bei hochqualifizierten Fachkräften eine stabile, kontinuierliche Basis für Personalplanung, so dass befristete Arbeitsverhältnisse oder solche, die an Aufenthaltsgenehmigungen gebunden sind, die Attraktivität solcher Bindungen (Kampf um die besten Köpfe) sowohl für die Unternehmen als auch

für die betroffenen ausländischen Fachkräfte sehr begrenzt ist. Die „Blue Card" in der EU ist hier durchaus eine Option für Arbeitnehmer und Arbeitgeber – aber derzeit besteht keine Klarheit über die praktische Umsetzung des Vorschlags und Dissens zur Frage der Einschränkung für nationale Eingriffe in den Arbeitsmarktzugang. Unternehmen auf Drittmärkten können bereits Konzepte wie „Blue Card" praktizieren (z.b. arabische Emirate)

4. Der Bedarf an Arbeitskräften und die Zuwanderungsdiskussion werden in Deutschland weitgehend begrenzt auf gut Qualifizierte. Dies entspricht nicht den realen Entwicklungen am Arbeitsmarkt. In Bereichen wie Landwirtschaft, Bauwirtschaft, Handwerk und bestimmte Dienstleistungen - besonders im Gesundheitswesen - werden auch mittel- bis minderqualifizierte Personen zunehmend gebraucht. Auch für diese Gruppe sind angepasste Integrations- und Migrationskonzepte relevant, aber nicht verfügbar.

5. Unternehmen müssen um wettbewerbsfähig zu bleiben ein Interesse an Standardisierungen/ Zertifizierungen von Berufsqualifikationen haben. Zugleich müssen auch bei heutigem Stand der Vergleichbarkeit deutsche Unternehmer einen höhere Offenheit für ausländische Abschlüsse haben. Von Unternehmen wird das Problem der Vergleichbarkeit und Akzeptanz von ausländischen Berufsabschlüssen oder -qualifikationen häufig thematisiert. Lösungsansätze mit transnationalen Komponenten sind bisher die Ausnahme. Mit Private Public Partnership-Maßnahmen könnte darauf hingewirkt werden, dass adäquate modulare Abschlüsse im Qualifizierungsbereich bereits in den Entsendeländern erworben werden können. Dieses Herangehen kann letztlich sowohl für das Drittland als auch für das Aufnahmeland entwicklungswirksam werden und zu den gewünschten Win-Win-Verhältnissen beitragen.

6. Unternehmen aus entwickelten Ländern profitieren ebenfalls von einem Berufstraining, das in den Drittländern stattfindet, weil sie das dort ausgebildete Personal auch für eigene Neuansiedlungen in diesen Ländern einsetzen können. Dies muss nicht zum Verlust von Arbeitsplätzen z.B. in Deutschland führen, sondern kann auch dazu beitragen, dass sich der Migrationsdruck auf EU-Länder

verringert bzw. unter Wirtschaftsgesichtspunkten sich arbeitsteilige Spezialisierungen zwischen Ländern und Regionen fortsetzen.

7. Zum Themenkreis Arbeitskräftebedarf, Qualifikationsniveau, Zugangsbedingungen zum EU-Arbeitsmarkt und der Rolle von Unternehmen aus der Privatwirtschaft findet aktuell nur ein formeller Austausch zwischen Politikebene und Wirtschaftsebene statt. Die Begrenztheit eines solchen Dialogs auf nationaler Ebene erschwert wesentlich die Ausarbeitung einer Strategie auf europäischer Ebene.

8. Die Frage, wie Kohärenz zwischen politischen und Wirtschaftsinteressen hergestellt werden kann, wird bislang national und international zu wenig thematisiert.

9. Remigranten brauchen ein ausgeprägteres Qualifikationsniveau, um in ihren Herkunftsländern entwicklungswirksam zu werden. Ein Teil der Remigranten bringt spezifische Berufserfahrungen aus Gastländern mit (z.B. aus Deutschland: Erfahrungen in der Baubranche). Aber insgesamt ist die Zahl der Remigranten mit qualifizierten Arbeitserfahrungen zu gering. Die Konsequenz für Unternehmen hier ist, dass sie ihr Wachstum nicht ausweiten, wenn zu wenig qualifiziertes Personal (weltweit) verfügbar ist. In den so genannten Entsendeländern gibt es aufgrund der dauerhaften oder zeitweisen Rückwanderung von in Europa qualifizierten Arbeitskräften auch für investierende Unternehmen eine interessante Personalbasis. Diese wird bisher wenig wahrgenommen bzw. in Wirtschaftsvorhaben nur punktuell eingebunden.

10. Eine stärkere Öffnung der Entwicklungspolitik für die Verbesserung von Rahmenbedingungen für ausländische Privatinvestitionen in Entwicklungsländern ist erforderlich, um die Schaffung neuer Arbeitsplätze auch in diesen Ländern zu fördern. Insbesondere für Post-Konflikt-Länder, die aus Sicht von unternehmerischen Entscheidungen besonders risikobehaftet sind, können durch gezielte Interventionen Optionen (vorrangig zur illegalen Migration) geschaffen werden.

11. Die Berufsausbildung sollte wieder ein Schwerpunktthema der EZ werden. Das duale System ist auch weiterhin gut geeignet international eingesetzt zu werden, muss sich aber stärker an Unternehmensbedarfen orientieren. Das von AGEF mit Bauunternehmen in verschiedenen Ländern praktizierte Konzept der „Lehrbaustelle" ist ein geeigneter Ansatz.
    Vorhandene Instrumente, wie Public Private Partnership müssen für Unternehmen leichter handhabbar werden.

12. Aktivitäten zur Implementierung von Konzepten der „Labour Migration" fehlen. Die EU-Budgetlinien im Bereich Migration sind für Unternehmen zu unflexibel und bürokratisch gestaltet. Langsame Entscheidungsprozesse dort entsprechen nicht dem Handlungsbedarf von Unternehmen am Markt.

Arbeitsgruppe 4

Entsprechen die Qualifizierungsangebote dem Bedarf des globalen Arbeitsmarkts?

1. Begriffsklärung

1. Unter Qualifizierung verstehen wir Teile oder die Gesamtheit aller Fertigkeiten, Kenntnisse und Einstellungen, die eine Person sich angeeignet hat, um ihre Berufsfähigkeit zu erreichen, zu sichern und auszubauen. Qualifizierung umfasst somit auch eine Vielzahl von informell angeeigneten Kompetenzen, aber auch zertifizierte Abschlüsse der formalen Systeme. Das formale System umfasst die von staatlichen Stellen, im staatlichen Auftrag oder staatlicher Überwachung durchgeführten und zertifizierten Qualifizierungsmaßnahmen des allgemeinbildenden und berufsbildenden Systems auf den drei Qualifikationsebenen (primäre, sekundäre und tertiäre Ebene).

2. Der Bedarf des globalen Arbeitsmarktes kann umschrieben werden als das Streben von Arbeitgebern und Arbeitnehmern über Kontinente und nationale Grenzen hinweg Arbeitsverhältnisse zu schließen, die aus der Sicht der Beteiligten für beide vorteilhaft sind.

3. Weltweit haben sich unterschiedliche Produktionsformen etabliert und dementsprechend vielfältige Qualifizierungssysteme formaler oder informaler Art. Ein besonderes Problem des globalisierten Arbeitsmarktes stellt die Ermittlung und Vergleichbarkeit beruflicher Kompetenzen und Zertifizierungen dar. (Deutschland mit seinem dualen Berufsbildungssystem steht hier vor großen Herausforderungen insbesondere hinsichtlich der richtigen Einordnung der nichtuniversitären Bildungsabschlüsse [Geselle, Meister].)

4. Hochqualifizierte sind die Inhaber von Abschlüssen von Hochschulen oder Universitäten (tertiäre Ebene) auch spezialisierte Techniker u.ä. Berufe.

2. Thesen

1. Qualifizierungen können mehrere Zielrichtungen verfolgen:
   - Sie müssen dem Bedarf, der Nachfrage konkreter Arbeitgeber in den Heimatländern und in Deutschland entsprechen. Notwendige Voraussetzung ist die Kenntnis der Arbeitsmarktbedarfe in den Heimatländern und in Deutschland.
   - Sie müssen den Arbeitnehmern die Möglichkeit einräumen, den Lebensunterhalt zu verdienen und bei gewünschten Arbeitgebern tätig zu werden. Dies ist für Migranten je nach Aufenthaltsort eine Zusatzherausforderung.

2. Zentrales Problem bei Hochschulausbildungen sind nicht die Zahl der vorhandenen Angebote sowohl in Europa als auch in den Herkunftsländern, sondern deren Diversifikation, deren Qualität, die Vorbereitung auf eine Tätigkeit (Beschäftigungsfähigkeit der Absolventen) sowie die Vergleichbarkeit der Inhalte und Abschlüsse. Z.T. komplizierte Äquivalenzverfahren behindern die Einsetzbarkeit von Abschlüssen sowohl für die Arbeitnehmer als auch die Arbeitgeber. Die Definition und Anerkennung von Abschlüssen ist eine Grundvoraussetzung für deren Inhaber, sich in den globalen Arbeitsmarkt integrieren zu können.

3. Übergangsweise sollten sich die jeweiligen Länder - sowohl Herkunfts- als auch Gastländer - diesen bilateralen Anerkennungsverfahren verstärkt zuwenden und ggf. Nach- und Zusatzqualifizierungen definieren, anbieten und finanziell absichern, bevor multilaterale Vereinbarungen greifen.

4. Eine Balance zwischen Hochschulbildung und Berufsbildung muss vor dem Hintergrund der Arbeitsmarktanforderungen hergestellt werden. Die Wertigkeitsdiskussion ist dabei nicht ausschlaggebend und von Land zu Land verschieden.

5. Die Mobilität (anstatt zirkuläre Migration) von Migranten sowohl innerhalb Europas als auch zwischen dem Heimatland und Gastland muss gewährleistet werden.

6. Im Bereich der beruflichen Bildung für Handwerk und Industrie ist die Situation noch komplizierter, da Ausbildungsgänge in unterschiedlichen Ländern unterschiedliche Konzepte verfolgen und aus sehr verschiedenen historischen Zusammenhängen heraus entstanden sind (von Zunftentwicklung bis zur kolonialen Dominanz). Lösungsmöglichkeiten können sein:

- grenzüberschreitende Anpassung der zugrunde liegenden Standards und vereinheitlichten Prüfungsverfahren erleichtern die Äquivalenzverfahren
- Modularisierungen von Ausbildungen erhöhen die Flexibilität der Ausbildungsteilnehmer und erleichtern Äquivalenzverfahren
- Programme und Projekte der beruflichen Ausbildung in Entwicklungsländern (Herkunftsländer) sollten in ihren Konzeptionen und in deren Umsetzung gezielter die Anforderungen des deutschen Arbeitsmarktes berücksichtigen.
- Eine „Inwertsetzung" von Migration kann am einfachsten über die berufliche Einsatzfähigkeit von Migranten erfolgen.

Kohärente Migrationspolitik
– eine Fata Morgana?

Podiumsdiskussion

Kohärente Migrationspolitik
– eine Fata Morgana?

Eine Gesprächsrunde mit Gabriele Groneberg (MdB), Bernd Dunnzlaff (Leiter des Referates Bund-Länder, Exportkreditgarantien, Migration, Reintegration und CIM im BMZ), Reinhold Hemker (MdB), Sanela Sabanovic (stellv. Teamleiterin Migration und Integration im DRK-Generalsekretariat) und Dr. Ralf Geisler (Referent für Migration und Integration der EKD)

Gabriele Groneberg:

Ich freue mich wieder einmal hier in Loccum sein zu dürfen, bei einem Thema, das uns mit allen positiven wie auch negativen Folgen seit Jahren im Deutschen Bundestag beschäftigt.

Die Entwicklung von Migration ist überaus dynamisch: Während 1970 noch 82 Millionen Menschen (2,2 Prozent der Weltbevölkerung) außerhalb ihres Herkunftslandes lebten, beläuft sich die Zahl derzeit auf 200 Millionen (drei Prozent). Etwa 60 Prozent der Migrant(inn)en lebten 2005 in Industrienationen, vor allem in Europa und Nordamerika, die anderen 40 Prozent in Schwellen- und Entwicklungsländern. Der Weg von Migrant(inn)en ist also nicht in erster Linie auf die Industrieländer ausgerichtet. 2001 lag der Anteil der Afrikaner von allen Zuwanderern in die europäischen OECD-Länder bei ca. zehn Prozent. 2005 lag der Anteil von Migrantinnen und Migranten aus Sub-Sahara-Afrika in diese Länder bei ca. 25 Prozent – aber ein Anteil von 63 Prozent bewegt sich innerhalb Sub-Sahara-Afrikas.

Wir wissen um das Potential von Migrant(inn)en, was zum einen den Weg des Wissenstransfers zur Entwicklung ihrer eigenen Staaten angeht, zum anderen die enorme finanzielle und damit wirtschaftliche Dimension der Rücküberweisungen von Migrant(inn)en. Nach Studien von IFAD und Inter-Amerikanischer Entwick-

147

lungsbank und den daraus ermittelten Schätzungen sandten Migrant(inn)en 2006 mehr als 300 Milliarden US-Dollar in Entwicklungsregionen.

Wir wissen aber auch genauso um die schwierige Situationen, denen sich Migrantinnen und Migranten in ihren Aufnahmeländern gegenübersehen, was den legalen Zugang zu den Arbeitsmärkten betrifft ebenso wie die fehlende Anerkennung von Qualifikationen. Denn es sind eher die Menschen aus der Mittelschicht, oft mit guter Schulbildung, die den teuren und risikoreichen Weg über das Mittelmeer riskieren.

Allein diese Zahlen lassen die Dimension des Themas erahnen. Grund genug für uns, sich näher mit den Facetten des Problems auseinander zu setzen.

In einer ersten Anhörung am 26. Mai 2004 hat sich der Ausschuss für wirtschaftliche Zusammenarbeit und Entwicklung mit dem Thema „Vom „brain drain" zum „brain gain" – Die Diaspora als Ressource der Entwicklungspolitik" befasst. Leider haben wir uns nicht in derselben Legislaturperiode mit den daraus zu ziehenden Schlussfolgerungen beschäftigen können. Aber auch diese Ergebnisse sind in den fraktionsübergreifenden Antrag mit der Drucksachen Nr. 16/4164 „Diaspora – Potentiale von Migrantinnen und Migranten für die Entwicklung der Herkunftsländer nutzen" eingeflossen, der am 28. März 2007 in unserem Ausschuss im Deutschen Bundestag vorgelegt und debattiert wurde. In dieser Debatte hat sich deutlich gezeigt, dass wir uns sinnvoller Weise mehr mit der europäischen Migrationspolitik in all ihren Facetten beschäftigen müssen. Gleichzeitig stellten wir aber auch fest, dass wir dazu mehr Informationen benötigen. Wir haben dann am 16. Januar 2008 eine Anhörung im Ausschuss zu dem Thema „Europäische Migrationspolitik und Entwicklungszusammenarbeit" abgehalten.

Die Mitglieder des Ausschusses hatten sich auf die Einladung von vier Sachverständigen verständigt: Die Stiftung Wissenschaft und Politik (SWP), Steffen Angenendt, das OECD Development Centre (OECD D.C.), Jeff Dayton-Johnson, die UNHCR, Dr. Bank, und Pro Asyl, Bernd Mesovic.

Die Sachverständigen wurden gebeten, zu folgenden allgemeinen Fragen Stellung zu nehmen:

* Welche Wechselwirkung besteht zwischen der deutschen und europäischen Migrationspolitik und der Entwicklungszusammenarbeit?

- Welchen Beitrag muss eine abgestimmte europäische Migrationspolitik leisten, um Armut zu reduzieren? Auf welchem Stand ist die diesbezügliche Debatte in der EU?
- Ist das Konzept der Zirkulären Migration als potenziell entwicklungsförderlich einzustufen?

Die Absicht der Europäischen Union, eine koordinierte Migrationspolitik zu einem Kernelement ihrer Zusammenarbeit zu machen und dabei sowohl legale Migrationsmöglichkeiten zu eröffnen und zugleich illegale Migration zu bekämpfen, wurde durch den Rat für Allgemeine Angelegenheiten und Außenbeziehungen der EU am 10.12.2007 bestätigt. Deshalb war die Stellungnahme zu den folgenden konkreten Problemstellungen durch die Sachverständigen ebenfalls gewünscht.

- Mobilitätspartnerschaften
- Konzept der Zirkulären Migration
- Zusammenarbeit der EU mit den Herkunfts- und Transitländern
- Herausforderungen für die europäische Entwicklungspolitik
- Regionale Schutzprogramme

Im Folgenden darf ich Ihnen eine Zusammenfassung – ohne Anspruch auf Vollständigkeit – meines Eindrucks aus dieser Anhörung geben.

Stiftung Wissenschaft und Politik (SWP), Steffen Angenendt:

SWP betont Interesse der EU an Migration, aber auch die unterschiedlichen Interessen der einzelnen EU-Länder (Bsp. D – Polen):

- *Zunehmender wirtschaftlicher Zuwanderungsbedarf:* Zwar keine langfristigen Arbeitsmarktprognosen möglich, doch bald Mangel an qualifizierten Arbeitskräften. Entgegenwirken des Mangels durch Ausschöpfen der eigenen Potenziale und Anwerben von ausländischem Arbeitskräftepotenzials
- *Wachsender demographischer Zuwanderungsbedarf:* EU Interesse an geregelter Zuwanderung, da Geburtenrate unterhalb Bestandserhaltung. Gezielte Zuwanderung (d.h. junge und gut qualifizierte Menschen) soll Folgen des demographischen Wandels mildern.

SWP legt EU-Ansätze zur Migrationspolitik dar:

- *EU-Nachbarschaftspolitik:* Migrationspolitik nur europäisch abgestimmt lösbar, ein Ansatz wäre EU-Nachbarschaftspolitik: d.h. Aussicht für Nachbarn zur Teilnahme am Binnenmarkt, wenn z.b. Reduzierung irregulärer Migration erfolgreich. Ziel: wirtschaftliche und politische Stabilisierung der Nachbarstaaten.
- *Umfassender Ansatz:* Dez. 2005 Auftrag an EU-Kommission eines „umfassenden Ansatzes" in der Migrationspolitik in 5 Bereichen (Asyl, Migration/Integration, Externe Dimension/Entwicklung, Grenzkontrolle/illegale Einwanderung, Gründrechte/Bürgerschaft). Besonders schwierig EU-weite Einigung im Bereich Arbeitsmigration
- *Mobilitätspartnerschaften:* von großer Bedeutung, Verpflichtung der Herkunftsländer irreguläre Wanderbewegungen zu unterbinden. Gegenleistung: EU nimmt bestimmtes Kontingent an Arbeitskräften auf. Verfahren soll „zirkuläre Migration" fördern und begrenzte Arbeitsmigration zulassen. Details bei Umsetzung innerhalb EU strittig (z.B. Ziele dieser „Partnerschaften": primär Reduzierung illegaler Einwanderung oder entwicklungspolitische Ziele?)

SWP sieht folgende Perspektiven:

Grundsätzlich können neue EU-migrationspolitische Instrumente positive Entwicklungswirkungen haben (Voraussetzung sorgfältige Planung und Durchführung, ständige Evaluierung). Ob Bereitschaft dazu besteht, ist wegen der Interessenunterschiede der EU-Mitgliedsstaaten fraglich.

OECD Development Centre (OECD D.C.), Jeff Dayton-Johnson

OECD D.C. sieht in internationaler Migration einen Beitrag zur Armutsreduzierung:

- Die Mobilität gering qualifizierter Arbeitskräfte hat allerdings größere Auswirkungen auf die Verringerung der Armut als die Mobilität der hochqualifizierten Landsleute. Dies ist auf Arbeitsmarkteffekte im Herkunftsland zurückzuführen: Arbeitslosigkeit und Unterbeschäftigung nehmen ab, Löhne der im Land verbliebenen gering qualifizierten Arbeitskräfte steigen – Folge: Rückgang der Armut. Zudem überweisen gering qualifizierte Arbeitskräfte mehr Geld als hochqualifizierte, denn: kürzere Aufenthaltsdauer, nicht in Begleitung der Familie, engere Bindung an Heimat.

- Migration kann dennoch nicht als Entwicklungsstrategie betrachtet werden. Bei genauerer Betrachtung stellt sich heraus: Hälfte der im Ausland geborenen Bevölkerung der OECD-Länder stammt aus anderen OECD-Ländern (ca. zehn Prozent aus Mexiko, vier Prozent aus Türkei). Daher hat die Migration begrenzte Wirkung auf Länder mit geringstem Einkommen.

- Auswirkungen der Migration in so genannten Migrationskorridoren von recht großer Bedeutung: Verbindung von Gemeinschaften, Regionen und Arbeitsmärkten in den Herkunfts-, Transit- und Empfängerländern.

OECD D.C geht davon aus, dass insbesondere die Entwicklungshilfe die Auswanderung nicht abschwächen wird:

- In allen Ländern kommen die OECD-Einwanderer überwiegend aus Wirtschaften mit mittlerem und hohem Einkommen. In dem Maße, wie das Einkommen steigt, wächst die Emigration und geht nicht zurück. Der Grund dafür ist, dass Emigration mittelfristig durch wirtschaftliches Wachstum erleichtert wird, da mehr Menschen in die Lage versetzt werden, sich internationale Mobilität zu leisten.

- Aus diesem Grund wird Entwicklungszusammenarbeit als Mittel zur Senkung der Einwanderung nicht funktionieren. Wenn diese Erwartung an die EZ geknüpft wird, könnte Unterstützung für die Entwicklungshilfe geschwächt werden. Denn die Einwanderer stammen nicht notwendigerweise aus Ländern, die Entwicklungshilfe erhalten.

- EZ ist wichtig, doch sollte man sie nicht auf ihre Wirkung auf Einwanderungsflüsse betrachten. Tatsächlich kann EZ einigen Herkunftsländern helfen, größeren Nutzen aus dem sich entwickelnden internationalen Migrationssystem zu ziehen.

OECD D.C. fordert die politischen Entscheidungsträger in Ziel- und Herkunftsländern auf, den Nutzen der Migration zu erhöhen:

- Zirkuläre Mobilität ist für die Herkunftsländer von größerem Nutzen, was die Förderung der Auslandsüberweisungen und möglicherweise die Verbreitung von Fähigkeiten anbelangt, wodurch die Folgen des Brain-Drain verringert werden.

- Die EZ könnte die Rekrutierung von Fachkräften (Lehrer, Krankenschwestern, Ärzte, Doktoren, Ingenieure) in OECD-Ländern verbinden mit capacity building

in den betroffenen Sektoren (Gesundheit, Bildung, Technologie) der Herkunftsländer.

- Der Finanzsektor sollte zur Senkung der Kosten für Geldüberweisungen beitragen und den Familien von Migranten in ländlichen und entlegenen Regionen
den Zugang zum Bankwesen erleichtern.

- Zivilgesellschaftliche Organisationen, insbesondere Migrantenvereinigungen und
die Netzwerke der im Ausland lebenden Landsleute könnten privilegierte Partner sein für Migrationspolitiken (z.B. soziale Integrationspolitiken) und für Ent-
wicklungspolitiken (über Initiativen zur gemeinsamen Entwicklung).

UNHCR, Dr. Bank

UNHCR geht ausschließlich auf die Regionalen Schutzprogramme ein und bietet zunächst einen Überblick:

- Im September 2005 beschließt die EU-Kommission eine Mitteilung mit Vorschlägen zur Förderung von regionalen Schutzprogrammen (RSP). Damit sollen
die Schutzkapazität der betroffenen Regionen gestärkt, die Flüchtlingsbevölke-
rung besser geschützt und dauerhafte Lösungen geschaffen werden (die drei
Lösungen sind: Rückkehr, örtliche Eingliederung oder Neuansiedlung [Mittei-
lung der Kommission, KOM (2005) 388 endgültig, 1.9.2005]).

- Inhalt regionaler Schutzprogramme:
  - Projekte zur Verbesserung der allgemeinen Schutzsituation im Aufnahme-
land
  - Projekte zur Einführung eines effizienten Verfahrens zur Feststellung des
Flüchtlingsstatus
  - Projekte, die durch verbesserte Aufnahmebedingungen den Flüchtlingen un-
mittelbar zugute kommen
  - Projekte zugunsten der lokalen Gemeinschaft, die Flüchtlinge aufnimmt
  - Projekte für das Training derjenigen, die mit Flüchtlingen und Migranten zu
tun haben
  - Neuansiedlungszusage, indem sich die EU-Mitgliedsstaaten freiwillig ver-
pflichten, dauerhafte Lösungen bereitzustellen und Flüchtlingen die Neu-
ansiedlung in ihren Ländern anzubieten

Nicht: Auffanglager zu Zweck der extraterritorialen Prüfung von Asylanträgen.

- Zwei Regionen für Pilotprojekte:
  - Transitregion: Ukraine, Moldawien, Weißrussland
  - Herkunftsregion: Afrika, Gebiet der Großen Seen, Fokus: Tansania

Generelle Anmerkungen von UNHCR:

- Leitbild der RSP:
  - „Prinzip der Solidarität und fairen Verantwortungsteilung",
  - RSP nicht als Ersatz für Schutz innerhalb Europas,
  - Resettlement (Umsiedlung) sollte fester Bestandteil der RSP sein,
  - RSP sollte in enger Zusammenarbeit mit betreffenden Staaten konzipiert und durchgeführt.

UNHCR stellt die Projekte im Einzelnen vor:

- UNHCR Projekt in Tansania (drei Jahre):
  - Rückgang der Flüchtlingszahlen wg. freiwilliger Rückkehr nach Burundi, langjährigen Flüchtlingen aus Burundi wird tansanische Staatsangehörigkeit angeboten
  - neue Migrationsströme vom Horn von Afrika und den großen Seen
  - Koordination mit Entwicklungshilfe erforderlich
  - Einbürgerungsangebot muss mit Integrationsmaßnahmen begleitet werden
- UNHCR Projekt in Weißrussland (zwei Jahre): Ziel: Schaffung von Schutzkapazitäten durch ein effektives Asylsystem, Verhinderung von Refoulement
- UNHCR Projekt in Ukraine (18 Monate): Problem: z.B. keine klaren Zuständigkeiten von Asyl- und Migrationsbehörde

Forderungen von UNHCR:

- Verbesserte Finanzierung, bessere Koordination mit Entwicklungshilfe,
- Empfehlung: nicht nur Innenministerien der Mitgliedsstaaten, sondern auch die mit humanitärer Hilfe und Entwicklungshilfe und Außenbeziehungen befassten Ministerien in die Fortentwicklung der Ansätze einzubeziehen (Kohärenz)
- Ausbau der Resettlement-Angebote

Pro Asyl, Bernd Mesovic

Pro Asyl sieht das Konzept der zirkulären Migration äußerst kritisch:

- Die Parallelen zum Thema der Gastarbeiterproblematik früherer Jahrzehnte, zum so genannten Rotationsmodell, sind unübersehbar.
- Temporäre Migration (verbunden mit Rückkehrzwang) würde Mängel der alten Ausländerproblematik wiederholen.
- Bei zirkulärer/temporärer Migration besteht Gefahr, dass fundamentale Menschenrechte verletzt werden.
- Die Idee, die Bewegung von Menschen im globalen Maßstab steuern zu wollen, trägt letztendlich totalitäre Züge

Pro Asyl kommt zu folgendem Fazit: Eine gestaltende Einwanderungspolitik ist weder eine Patentlösung für einen Großteil der Herkunftsländer noch ein umfassender erfolgversprechender Ansatz zur Lösung demographischer oder arbeitsmarktrechtlicher Probleme der europäischen Staaten. Eine Politik der selektiven Einwanderung Hochqualifizierter unter Ausschluss anderer Personengruppen wird den Migrationsdruck in der Regel nicht verhindern können.

Wir werden nun in Ruhe an die Auswertung dieser Anhörung gehen und unsere Konsequenzen sicherlich dann in Anträgen im Deutschen Bundestag deutlich machen.

Für mich persönlich möchte ich hier kritisch feststellen: Wenn wir über Abstimmungen in der Migrationspolitik reden, haben wir im eigenen Haus noch genug zu erledigen. Es fehlt an der Kohärenz im Regierungshandeln, die betroffenen Ministerien arbeiten oft aneinander vorbei.

Dies gilt im übrigen aber auch für unsere Durchführungsorganisationen. Wir haben zuwenig Kommunikation in Bezug auf die für uns positiven Elemente der Migration in unsere Bevölkerung hinein. Die Komplexität des Themas lässt einfache Kampagnen und auch einfache Lösungen vielfach nicht zu. Dies macht „Angstkampagnen" leichter (Koch-Wahlkämpfe)!

Es wäre dringend notwendig in Bezug auf den „Brain Drain" aus Entwicklungs- und Schwellenländern mindestens auf EU-Ebene zu einer kurzfristigen Teil-Lösung zu kommen: Die Staaten sollten auf Anwerbung von im Herkunftsland dringend benötigten Kräften (z.B. im Gesundheitswesen) verzichten. Derartige Überlegungen auf EU-Ebene scheitern aber z.Zt. aber schon in Ansätzen am Widerstand einiger Länder.

Bernd Dunnzlaff:

Die Kohärenz in der Migrationspolitik ist keine Fata Morgana. Fata Morgana ist ja eine Sinnestäuschung. Und ich glaube nicht, dass Kohärenz, Kohärenzbestrebung eine Sinnestäuschung ist. Nehmen wir den für uns wichtigsten Bereich, die EU. Da hat es vor nicht wenigen Jahren eine Diskussion um Migration gegeben, die ausschließlich von Abwehr ausging, von Bekämpfung illegaler Migration, von einer negativen Konnotation. Und wenn Sie heute Dokumente der EU lesen, stoßen Sie ständig auf den Dreiklang in dem Dialog mit Partnerländern: Legale Migration, Migration und Entwicklung, illegale Migration. In jedem Dokument der EU lesen Sie, dass Migration, wenn sie vernünftig gemanagt wird, zum Vorteil der Herkunftsländer der Migranten und der Zielländer gereichen kann.

Stichwort Kohärenz. Es gibt in der EU-Entwicklungspolitik die Verpflichtung zur Kohärenz. Es gibt die Kontrolle der Kohärenz und es gibt zwölf Felder in den Politiken der Europäischen Union, die auf Kohärenz mit der EU-Entwicklungspolitik abgeklopft werden. Eines dieser zwölf Felder ist die Migration. Es gab im September letzten Jahres einen Bericht der EU, in dem diese Kohärenz untersucht wurde. Das Sie wahrscheinlich nicht sehr überraschende Fazit entsprach dem, was Frau Groneberg gesagt hat. Man kam zu dem Zwischenfazit: Der politische Dialog ist angestoßen worden und läuft; es gab wichtige Konferenzen mit afrikanischen Ländern, mit dem Mittelmeerraum, in Tripolis, in Rabat. Es gibt eine politische Rahmenkonzeption. Die Stichworte lauten Mobilität, Partnerschaft und Kooperationsplattform, zirkuläre Migration. Was fehlt und was jetzt kommen muss, ist „Action". Das ist das, was vor uns steht. Und da muss man auch sagen, dass der Druck derzeit in der Diskussion aus Brüssel kommt, dass Brüssel die Bewegung bringt und dass sicherlich in Deutschland derzeit mehr reagiert wird darauf, wie man mit diesem Brüsseler Schwung umgehen soll.

Erlauben Sie mir noch eine Bemerkung zum Stichwort „Kohärenz". Kohärenz hat ja grundsätzlich immer so einen positiven Klang. Aber für Entwicklungspolitiker ist Kohärenz ein zweischneidiges Schwert. Wenn früher in der EU Entwicklungspolitik und Migration diskutiert wurden und Kohärenz gefordert wurde, dann hieß Kohärenz meist, dass Entwicklungspolitik als Konditionalität zur Bekämpfung illegaler Migration beitragen solle – gemäß dem Konzept dass diejenigen Länder, die sich nicht benehmen als Partnerländer, die keine Rückführungsabkommen abschließen, die illegale Migration nicht energisch bekämpfen, es spüren sollten, indem die Entwicklungshilfe eingestellt wird. Diese Forderung wird auch heute noch von einigen in der Bundesrepublik vertreten. Um es klar zu sagen: Das ist ein Kohärenzansatz, bei dem wir Bauchschmerzen haben und den wir sicherlich nicht unterstützen können. Von daher: Bei Kohärenz muss genau geschaut werden, wie definiere ich Kohärenz.

Noch zwei kurze Anmerkungen. Eine, die Remittances betreffend: Wenn wir am grünen Tisch theoretisieren, wie wir diese Rücküberweisungen am effizientesten und effektivsten und entwicklungsfördernd einsetzen könnten, sollten wir immer im Hinterkopf behalten, dass das private Mittel – keine staatlichen – Mittel sind. Wir haben keinerlei Zugriffsrecht auf Remittances. Wer diese Abgrenzung verwischt, trägt bei den Besitzern dieser privaten Mittel eher zur Abschreckung bei und schwächt so die formellen Rücküberweisungskanäle, die wir gerade befördern wollen

Und natürlich können Remittances nicht die staatliche reguläre Entwicklungszusammenarbeit ersetzen. Es gibt ab und zu Forderungen: Wenn die Remittances so gut wirken können bei der Armutsbekämpfung, dann schafft doch die Entwicklungszusammenarbeit ab, und lasst die Remittances nach Hause fließen – und alles wird gut! So einfach ist es nicht.

Und die zweite Anmerkung: Man fordert manchmal ein Konzept „Migration und Entwicklung", mit dem vermeintlich eingängigen Gedanken: Wir müssen ordentliche Entwicklungsarbeit leisten, Armutsbekämpfung machen, dann kommen die Leute auch nicht mehr zu uns und dann ist Migration quasi automatisch eingedämmt. Doch einen solchen einfachen Kausalzusammenhang gibt es nicht. Frau Groneberg hatte angesprochen, dass von der OECD ein Wissenschaftler bei der Anhörung des Bundestags-Ausschusses war, der aus der historischen Erfahrung klar belegen kann, dass es eher anders herum ist. Die Menschen, die migrieren, stammen überwiegend nicht aus den am stärksten unterentwickelten und ärmsten Ländern. Wenn allerdings in diesen ärmsten Ländern vernünftige Entwicklungszusammenarbeit zu ersten Entwicklungserfolgen führt, dann wird dadurch eher Migration in Gang gesetzt. Das heißt, Entwicklungszusammenarbeit ist nützlich und hilft – aber sehr, sehr, sehr auf lange Sicht. Das heißt, es wird Stationen geben, in denen mit zunehmender Entwicklung die Bereitschaft, der Willen und die Fähigkeit, migrieren zu können, sicherlich zunächst ansteigen wird, bis sich nach vielen Jahrzehnten der Trend umkehrt. Wir sehen es ja in der Geschichte. Klassische Auswanderländer wie Italien, Griechenland, Spanien sind inzwischen Einwandererländer geworden.

In der Arbeitsgruppe 3 wurde gefordert, dass die Berufsqualifikation wieder stärker ein Schwerpunkt der Entwicklungszusammenarbeit sein sollte. Ich glaube, da liegt eher ein Missverständnis vor. Ich habe mich bei glaubwürdigen Experten in unserem Hause zwischenzeitlich versichert: Es ist nicht so, dass dieser Schwerpunkt abgebaut oder abgeschmolzen worden ist. Es ist vielmehr so, dass er nicht mehr so isoliert ist wie früher, sondern in einen Komplex eingebunden worden ist, in den Sektor der nachhaltigen Wirtschaftsentwicklung. In diesem Sektor wird Berufsbildung weiter in der EZ angeboten und durchgeführt.

Reinhold Hemke:

Ich habe privat und politisch seit 35 oder 40 Jahren mit Entwicklungspolitik zu tun. Als ich vor nicht allzu langer Zeit aufgrund bestimmter politischer Erkenntnisse gesagt habe, dass ich nicht mehr Mitglied im Ausschuss für wirtschaftliche Zusammenarbeit und Entwicklung sein möchte, hatte diese Entscheidung damit zu tun, dass es ein Trugbild ist, dass es eine kohärente Entwicklungspolitik gibt.

Wenn man ein Abgeordneter ist, der wie ich aus der Szene der Nichtregierungsorganisationen kommt und der im zivilgesellschaftlichen Bereich heute immer noch einen seiner Arbeitsschwerpunkte sieht, muss man überlegen, was man diesbezüglich inhaltlich tut. Denn: Bei einer Wahl wurde man durch die Arbeit der Nichtregierungsorganisationen unterstützt. Wer darüber mehr wissen will, kann mich gerne beim Mittagessen befragen.

Entwicklungspolitik ist ein facettenreiches Feld: Man muss daher detailliert schauen und prüfen, wo genau Entwicklungspolitik oder Entwicklungszusammenarbeit aber auch Migrationspolitik eigentlich stattfindet. Das ist zum Beispiel auch der Bundestagsausschuss, für den ich jetzt hier auf dem Podium sitze: Der Tourismusausschuss. Als Abgeordneter habe ich ein politisches Mandat, nicht nur in meinem Wahlkreis, sondern auch ein Inhaltliches. Dass ich Entwicklungsfragen daher auch im Sportausschuss anbringe bzw. auch im Gesundheitsausschuss, sei am Rande erwähnt, aber das ist kohärentes Handeln.

Ja, ich habe eben gesagt, dass kohärente Entwicklungspolitik ein Trugbild ist und zwar weil die eigentliche Interessenlage von Politik anders definiert wird, als über Kohärenz.

Menschen vertreten die Interessen von Menschen, die sie irgendwo in der Welt hinschicken, um an einem Ort zu leben, zu arbeiten aber auch, um Interessen zu vertreten. Solche Vertreter von Interessen können Mitglied einer Gruppe sein oder einer Partei, ein Interessensvertreter kann aber auch ein Individuum sein, das Interessen vertritt. Also können dies auch einzelne Menschen sein, die zwischen zwei Ländern oder Regionen hin und her pendeln – ich gucke mal Alisha Paenda an, der eigentlich Afghane ist, aber auch ein Stück Deutscher geworden ist – der pendelt und vertritt dabei automatisch Interessen. Er ist ein Pendelmigrant, nennen wir es einmal so. Aber dann gibt es auch andere Menschen, die z.B. aus ihrer Heimat vertrieben worden sind und deshalb bei uns in Deutschland waren. Viele von diesen Menschen haben hier nicht das vermittelt bekommen, was dazu hätte führen können, dass sie Botschafter Deutschlands in ihren Heimatländern geworden wären. Diese Menschen sind dann Fremde zwischen den Welten. Aber da diese Menschen ja zum großen Teil keine Wahlberechtigung in Deutschland haben, sind sie für zur Wahl stehende Politiker wenig interessant. Meine Kollegin Gabi Groneberg und ich können euch dazu Einiges berichten!

Um Politik aktiv kohärent gestalten zu können, empfehle ich jedem, in eine Partei einzutreten… Es gibt fünf im Deutschen Bundestag vertretene Parteien. Und diejenigen Personen, die darüber entscheiden, ob man Politik kohärent gestalten kann, sind in allen Parteien vertreten. Gerade Oppositionen können auf kohärentes Handeln hinwirken. Im Augenblick am stärksten auf Kohärenz angelegt sind die Initiativen, die aus dem Spektrum der Grünen kommen. Nicht bei uns, der SPD, nicht bei uns!

Aber: Zurück zu den Menschen, das heißt, zu den Menschen, die, wenn Sie es möchten, dafür Sorge tragen, mich 2009 wieder in den Wahlkampf zu schicken. Viele Menschen interessiert das Thema Entwicklung nicht, das ist so. Wenn ich in eine SPD-Versammlung in meinem Wahlkreis komme und sage, wir müssen hier vor Ort versuchen, Dinge umzusetzen, wie sie z.B. das Begegnungszentrum für Ausländer und Deutsche macht, dann ist klar, dass viele sagen „sag mal, hast du keine anderen Themen?". Was ich sagen will: Hier, in dieser Konferenz, sitzen die Bekehrten, die Profis sind. Und jetzt nenne ich Ihnen wie eben angekündigt ein Beispiel dafür, wie kohärentes Handeln scheitern kann, aber ich könnte Ihnen zwanzig Beispiele nennen:

Es hat unter Einbeziehung des Sachverstandes von AGEF ein Papier gegeben zum Thema Reintegration von Migranten und Entwicklung für das Heimatland, für einen Antragsentwurf im Deutschen Bundestag. Dies liegt sechs Jahre zurück, und damals gab es noch eine Rot-Grüne Koalition. Ich habe diesen Antrag eingebracht. Naiv, wie ich natürlich war, in einem Gremium, von dem ich meinte, dass es mit Fachleuten besetzt sei. Das Papier wurde weiter geschoben zum Arbeitskreis wirtschaftliche Zusammenarbeit. Bei den Grünen war das noch ein größerer Antrag, aber dieser Antrag ist an den Grünen gescheitert. Warum? Jetzt sage ich euch, wie das gelaufen ist, obwohl alle Fachleute, gesagt haben, wenn ihr ein vernünftiges Programm hinkriegt für die Rückkehr, dann ist das eine gute Initiative für die gesamte Sache, den gesamten Kontext Zuwanderungsgesetz. Die Sprecherin der Grünen hat mir damals gesagt, wir wollen erst einmal ein Zuwanderungsgesetz, das müssen wir durchkriegen, als politischen Erfolg verkaufen und erst anschließend müssen wir gucken, was wir zu dem Programm für Rückkehrer machen. Damit war das Thema beerdigt. Man nennt so was dann „Antragsbeerdigung". Mit anderen Worten, wir kommen aus dieser ganzen Trugbildsache nicht raus. Eine Fata Morgana – eine falsche Spiegelung von Wirklichkeit.

Zivilgesellschaft, Politik und andere Interessensvertreter können noch so viele schöne Protokolle machen, wenn sie die Leute nicht kriegen, die letztendlich die Staatssekretäre und Minister so weit bringen, sich an einen Tisch zu setzen und zu entscheiden, wir machen eine Migrations- oder Remigrations- oder was auch immer für eine übergreifende Runde. Solche Kohärenz können Sie nur erreichen, wenn Sie die Schubladenpolitik auflösen.

Wenn Sie also Leute zwingen mit dem Glos und dem Scholz an einem Tisch zu sitzen und ihre Leute hinschicken, dann müssen das mindestens Staatssekretäre sein, und dann muss das Ergebnis aufgeschrieben, also fixiert werden. Aber dies gibt es ja alles. Alle Informationen habe ich vorher von Klaus Dünnhaupt gekriegt, Informationen darüber was es alles für Programme gibt. Und dann profiliert sich da ein „Projektchen" und ein paar Kluge in meinem Tourismusbereich sagen, wir machen doch bereits alles. Hier, an dieser Stelle ein Hinweis, warum Engagement für Kohärenz im Tourismusbereich wichtig ist. Und ich möchte einmal deutlich machen, was eigentlich getan werden muss. Die am stärksten boomende Branche im Dienstleistungsbereich in den Entwicklungsländern, das habe ich vor zwei Jahren gelernt, ist der Bereich des Tourismus. Darüber gibt es Studien, in denen Experten, z.B. des Starnberger Arbeitskreises für Entwicklung und Tourismus, dies schon seit vierzig Jahren sagen. Auch die Kirche sagt dies, aber eine Kirche ist auch nur eine Behörde, aber trotzdem mehr als die EKD, nicht? Es wurde ein Papier zu Tourismus und Entwicklung vorgelegt und das ist riesig. Ich möchte als Mensch, der nun vierzig Jahre diese Entwicklungsarbeit macht, dass viele Migranten – Entschuldigung ich benutze dieses Wort – also Menschen, die zwischen zwei Ländern, zwischen Kulturen, zwischen Menschen, pendeln, dass diese Menschen Brückenbauer sind auch – im Tourismus. Es hat ein Modell in Nordrhein-Westfalen gegeben, das später dann leider eingeschlafen ist. Es sind damals Tunesier an der Fachhochschule ausgebildet worden als Hotel-, Restaurant- und Tourismusfachleute. So etwas möchte ich gerne wieder und als einen ganz großen Bereich von Qualifizierung sehen. Ich könnte mir vorstellen, dass die Menschen, die eine Zeit lang hier leben, als freiwillige Migranten, als Leute, die hier studieren oder was auch immer tun, dass die diesen Bereich entdecken und anschließend für uns hier Ansprechpartner für ihr Heimatland sind. Wenn ich – wie heute morgen – eine Stunde unterwegs bin und erlebe, wie ich die tollen Leute, heute morgen auf der Konferenz alle ansprechen konnte, dann möchte ich die auch da, wo ich hinreise, z.B. in Laos oder Vietnam oder Afghanistan ansprechen können. Und in diesem Bereich könnte man ganz viel tun.

Helft uns, dass ein entsprechender Bundestagsantrag, der im Augenblick in der Pipeline ist, umgesetzt wird. Das wird dann Herr Glos sein, der muss den Antrag umsetzen. Aber wenn Frau Heidi Wieczorek-Zeul sagt, nein, wir, die EZ-Leute, sind zuständig für Tourismus und die GTZ setzt das alles um, dann wird das übergreifende Thema nie in eine Staatssekretärsrunde, wie ich sie vorhin beschrieben habe, kommen. Dann wird das Thema nie in einen Kohärenzbereich hinein kommen. Das wird nicht passieren. Denn einige werden sich ein bisschen profilieren und Heidi Wiczorek-Zeul wird sagen, ja, diese Person, diese Organisationen macht doch schon was und auch die GTZ. Jeder Experte hier weiß, worüber ich hier gesprochen habe.

Ich bleibe aber trotzdem dabei, es besteht eine Chance, wenn ihr alle mithelft, von unten die Dinge immer neu anzufangen. Macht Druck.

Ich glaube, in der Runde dieser Konferenz ist klar geworden, dass das Thema innerhalb dieser Akademietagung diskutiert wird, anstatt in verschiedenen Bereichen von Politik. Ich sage das für die drei Politikbereiche, in denen ich mich jetzt um Entwicklungsfragen kümmere. Ich habe mich, ich sage das noch einmal, nicht aus dem Bereich der Entwicklungszusammenarbeit per se zurückgezogen, sondern nur aus einem Gremium, weil ich festgestellt habe, dass es falsch ist, zu glauben, dass über ein Fachministerium und über die politisch Verantwortlichen, die im Parlament dafür arbeiten, dieses Thema ausschließlich verhandelt werden kann. Stattdessen muss in den verschiedenen Bereichen von Politik, in den verschiedenen Ministerien, in den verschiedenen Fachausschüssen das Thema Entwicklung auch in der Kombination mit Migration thematisiert werden. Sonst funktioniert das nicht. Dinge die erreicht werden müssen, sind auf der obersten politischen Ebene, ich sage es noch einmal, auf der Ebene einer Staatssekretärsrunde, wie es sie mittlerweile im Bereich Nachhaltigkeit, Energie und so weiter gibt, beschlossen werden. Deswegen bin ich Herrn Ralf Geisler auch dankbar, dass er gesagt hat, es gäbe ebenso Nachholbedarf in Kirchen, denn ich komme ja aus dem kirchlichen Bereich, ich weiß genau wie er, warum einiges nicht funktioniert hat. Wir sind dabei, Fächerübergreifendes oder Sektorenübergreifendes zu organisieren. Das ist das eigentliche Ziel, bzw. der eigentliche Inhalt kohärenten Handelns. Dass dann natürlich Fachinstitutionen, wie die KfW-Beratungsarbeit, in dem Bereich etwas zu leisten haben ist klar, aber die KfW kann nur die Spitze bilden. Wir brauchen eine solche ressortübergreifende Zusammenarbeit. Es gibt mindestens zehn Ministerien und es gibt mindestens zehn Ausschüsse im Deutschen Bundestag, die sich mit dem Thema Migration und Entwicklung beschäftigen. Reproduktive Gesundheit im Gesundheitsministerium, natürlich auch im BMZ. Ausführungsorganisationen sind verschiedene große zivilgesellschaftliche Institutionen, wie die Deutsche Stiftung Weltbevölkerung. Auch beim Sport ist es so, und der ist ein wichtiges Thema. Wir haben ständig Menschen im Bereich des Sportes, die zwischen Ländern und Regionen hin und her pendeln. Gucken Sie sich nur die deutsche Bundesliga an, da spielen ja kaum noch Deutsche, um das mal ein bisschen platt zu sagen, wie es die Bild-Zeitung ja nach außen darstellt.

Wenn ressortübergreifendes Handeln aber nicht funktioniert, braucht jede Ausführungsorganisation mindestens eine, bzw. je nach Größe, mehrere Personen, die den ganzen Tag nichts anderes tun, als zu gucken, wer für welchen Projektbereich Geld hat und an welche Person man sich in welchem Ministerium wenden kann, der dann dafür sorgt, dass dieser Bereich überhaupt funktioniert. Ich bin selbst in drei NGOs engagiert, auch im Roten Kreuz, wo ich für den Bereich Entwicklung tätig bin.

Nun mein Plädoyer: Man muss in den Organisationen, für einen politischen Push sorgen und für politische Mobilisierung, sodass Dinge nachher wirklich zur Aufgabe des Bundeskanzlers oder der Bundeskanzlerin gemacht werden und die Staatsstellen dann wirklich im ganzen Land dafür Sorge tragen, dass diese Fachrunden zu den verschiedenen Bereichen funktionieren. Sie funktionieren jetzt nämlich noch nicht. Es mag ja sein, dass wir jetzt langsam anfangen, darüber nachzudenken, weil der Druck von außen kommt. Nur wir müssen uns fragen, warum ist die EU denn plötzlich am Thema Migration etc. dran? Weil zig tausend von Menschen an den Grenzen der Europäischen Union verreckt sind, weil sie aus ihren Ländern abwandern wollten. Es haben sich in der EU sich ein paar Kommissare zusammengesetzt, und die haben dann Menschen beauftragt, ein Konzept zu entwickeln, weil der Druck viel zu groß ist. Nur, hier ist wahrscheinlich der Druck noch nicht groß genug. Erst wenn es noch ein bisschen schlimmer wird – hier und in den Partnerländern – dann muss man sich konkret etwas überlegen, weil nämlich die Menschen vor Ort, und das war mein Plädoyer, noch längst nicht begriffen haben, welcher Sprengstoff im Thema Migration steckt. Ich merke das bei meinen politischen Versammlungen, wenn ich im Wahlkreis unterwegs bin. Das geht allen anderen Abgeordneten, die Wahlkreisarbeit wie Gabi Groneberg machen, genauso.

Sanela Sabanovic:

Das Deutsche Rote Kreuz hat im Unterschied zur evangelischen Kirche keinen Entwicklungsdienst, ist weniger im Bereich der Entwicklungszusammenarbeit, als in der Katastrophenhilfe tätig.

Was die Frage der Kohärenz der Migrationspolitik betrifft, betrachten wir das internationale Migrationsgeschehen in erster Linie aus der humanitären Perspektive. Und hier sehen wir einen deutlichen Zusammenhang zwischen dem Schutz von Flüchtlingen einerseits und wirtschaftsbezogener Migration andererseits. Grundsätzlich begrüßen wir alle EU-Maßnahmen, die dazu beitragen, die Situation für Migranten und Flüchtlinge an den Außengrenzen der EU zu verbessern. Gleichzeitig sehen wir eben bei der aktuellen Entwicklung deutliche Mängel bei der Bekämpfung von Fluchtursachen.

Jetzt einige Anmerkungen zum Konzept der zirkulären Migration:
Fragwürdig erscheint die starke Fokussierung auf die so genannte Hochqualifizierten-Zuwanderung. Denn es gibt deutliche Hinweise darauf, dass in Europa nicht nur eine Hochqualifizierten-Zuwanderung benötigt wird. Wenn man sich z.B. den Pflege- und Gesundheitssektor anschaut, da zeigt sich eindeutig, dass die Kräfte, die hier gebraucht werden, eher geringe bzw. mittlere Qualifikationen benötigen, vielfach auch andere Fähigkeiten im Sinne von soft-skills mitbringen müssen. Der zweite Punkt, der aus unserer Sicht daraufhin weist, dass die Hochqualifizierten-Zuwanderung allein eben nicht ausreichen wird, ist schlicht die Tatsache, dass in Europa bis zu geschätzten acht Millionen bzw. in Deutschland 500.000 bis eine Million Menschen ohne legalen Aufenthaltsstatus leben. Das sind üblicherweise keine Hochqualifizierten, das sind Menschen, die ihre Familien unterstützen, Remittances nach Hause schicken und hier zur Volkswirtschaft beitragen. Und diese Leute tragen nach gängigen Schätzungen ungefähr vier bis 16 Prozent zum Bruttoinlandsprodukt bei.

Ein dritter Punkt, den wir in die Diskussion um die Hochqualifizierten-Zuwanderung einbringen würden, ist der Mangel von Nachwuchs im Handwerk. Inwieweit das Handwerk als Hochqualifizierten-Bereich betrachtet werden kann oder muss, mögen andere beurteilen. Aber es stellt sich schon die Frage inwieweit die

Hochqualifizierten-Zuwanderung – wie sie im Aufenthaltsgesetz definiert ist – geeignet ist, um die Nachwuchs-Lücke zu schließen.

Interessant ist an dieser Stelle vielleicht auch noch die Aussage der OECD, dass die niedrigqualifizierte Zuwanderung im Grunde die „bessere" zur Armutsbekämpfung ist, weil die Remittances (Rücküberweisungen) höher sind, weil die Leute eben allein reisen und eben aufgrund der familiären Verpflichtungen mehr Geld nach Hause schicken, relativ nahe in der Region bleiben.

Abschließend noch eine Anmerkung zu Angebot und Nachfrage von Arbeitskräften. Wir hatten hier Vertreter aus dem Kosovo und Afghanistan. Nun sind das möglicherweise auch nicht die klassischen Entsendeländer für Hochqualifizierte, die liegen sicherlich in anderen Regionen. Aber, was deutlich geworden ist in den letzten zwei Tagen, ist, dass in Ländern wie Afghanistan und Kosovo erst einmal massive Investitionen in den Bildungssektor erforderlich sind, bevor dort Arbeitskräfte hervorgebracht werden können für den Bedarf unserer Märkte. Dies zeigt noch mal die entwicklungspolitische Dimension der gesamten Fragestellung und die Notwendigkeit, bei der Frage der legalen arbeitsmarktbezogenen Zuwanderung den Blick über die Hochqualifizierten-Debatte hinaus zu weiten.

Migration ist ein Kreislauf. Und der beinhaltet eben Aufnahme, Integration und Rückkehr, Reintegration. Wir haben in den letzten Jahren immer wieder Kritik geäußert an der fehlenden Beschäftigungsmöglichkeit für Flüchtlinge. Wenn man entwicklungspolitische Effekte aus Migrationsprozessen schöpfen möchte, muss Einwanderung auch immer Integrationskomponenten beinhalten – auch im Sinne der Vorbereitung einer möglichen Rückkehr mit dauerhafter Perspektive.

Ralf Geisler:

Wenn man in diese Tagung springt so wie ich heute morgen und sich die Ergebnisse der intensiven Gruppenarbeit anschaut und wenn man dann anschließend noch die Vertreter auf dem Podium bisher gehört hat, könnte man den Eindruck gewinnen, als ob wir seit Jahren nichts anderes machen, als uns mit den Zusammenhängen von Entwicklungs- und Migrationspolitik zu beschäftigen. Oder überhaupt mit den Zusammenhängen von Entwicklung und Migration. Tatsächlich verhält es sich ja so nicht. Schon allein hinter das Stichwort Migrationspolitik müsste man ein Fragezeichen setzen. Ich meine damit, dass wir zwar seit Anfang 2005 ein Gesetz zur Steuerung und Begrenzung der Zuwanderung haben. Aber wie lange hat es bis dahin gedauert und welche Politik wurde denn all die Jahrzehnte vorher betrieben? Auch diese Akademietagung, mit der die beiden Politikbereiche Entwicklung und Migration zusammenbracht werden, ist ja etwas Neues, was es so bisher noch nicht oder nur sehr selten gegeben hat. Zumindest soweit ich es zu überblicken vermag, sind in den evangelischen Akademien beide Bereiche über Jahre und Jahrzehnte hinweg getrennt thematisiert und bearbeitet worden.

Dafür, dass wir uns innerhalb der letzten eineinhalb Jahre verstärkt mit den Zusammenhängen und Verflechtungen zwischen Entwicklung und Migration beschäftigen, sehe ich zwei Auslöser bzw. Motive. Zum einen ist es das Verdienst des „Global Report on Migration" (Oktober 2005) gewesen, die bestehenden Interdependenzen sehr deutlich und verknüpft mit einigen grundlegenden Einsichten präsentiert zu haben. Und zum anderen sind das in der Tat die Gesetzgebungsentwürfe der EU-Kommission für legale Zuwanderungsmöglichkeiten in die EU und gegen illegale Migration. Alle Akteure sind gezwungen, auf diese Vorschläge zu reagieren, sowohl die einzelnen Regierungen wie auch die nationalen NGOs und zwischenstaatlichen Agenturen. Und ich denke, dass wir als Kirchen – ich spreche jetzt ökumenisch -, also als weltweit operierende Agencies, wenn man so will, hier durchaus über Erfahrungen und Kompetenzen, über Kontakte und Möglichkeiten verfügen. Nur verhält es sich im Fall der EKD nicht anders als sonst. Es gibt zwei große Organisationen, die über jahrzehntelange Erfahrungen und entsprechende weltweite Kontakte bei Entwicklungsprojekten, Entwicklungspartnerschaften und Stipendien verfügen, das ist der Evangelische Entwicklungsdienst (EED) und das ist die Ökumenische Diakonie, in diesem Fall „Brot für die Welt". Und daneben und bisher getrennt besteht ein jahrzehntelanges Engagement der Kirchen in Deutschland und auf europäischer Ebene zugunsten von Flüchtlingen und Arbeitsmigranten und ihren Problemen. Nur hat es bisher keine institutionelle Form von Kommunikation gegeben, geschweige denn eine Zusammenarbeit. Der Vollständigkeit halber sei noch erwähnt, dass es weiter eine gemeinsame Konferenz „Kirche und Entwicklung" gibt, in der die EKD und die Deutsche Bischofskonferenz, also die katholische Kirche zusammenarbeiten. Auch dort stand das Thema Migration und Entwicklung bisher noch nicht auf der Tagesordnung.

Demnach müsste Kohärenz zunächst auch erst einmal im kirchlichen Bereich geschaffen werden. Das ist jetzt als dringliche Aufgabe erkannt worden. So ist geplant, Anfang nächsten Jahres alle Akteure im kirchlichen Bereich an einen Tisch zu bringen, um die gemeinsamen Schnittmengen auszuloten und die jeweiligen Kompetenzen und Qualifikationen zuordnen zu können. Eines der Ziele eines dann zwischen entwicklungsbezogener und migrationsbezogener Arbeit vernetzten kirchlichen Agierens könnte es sein, z. B. zu bestimmten aktuellen Fragen, etwa den Vorschlägen der Europäischen Kommission zu zirkulärer Migration, qualifiziert Stellung zu beziehen, wobei wir als Kirche noch mal einen spezifischen Fokus auf die menschenrechtlichen Implikationen politischer Konzepte setzen. Ein weiteres Handlungsfeld sehe ich in der Kooperation von Flüchtlingsarbeit mit den Entwicklungsfachdiensten bei der Rückkehrberatung sowie dem Aufbau eines Monitoring-Systems im Rahmen von Rückführungen bzw. Rücküberstellungen in die Herkunftsländer. Weiter müsste als Querschnittsthema gerade von den Kirchen die Rolle von Religion in Migrations- und Entwicklungsprozessen bearbeitet werden, etwa wenn es dabei um die Bedeutung der Diasporas sowohl für die Herkunfts- wie für die Aufnahmeländer geht. Damit sind nur einige der künftig gemeinsam von kirchlicher Entwicklungs- und Migrationsarbeit zu leistenden Aufgaben genannt, mit denen ich es zunächst bewenden lassen möchte.

Anhang

Tagungsprogramm

■ Montag, 28. Januar 2008

14.00 **Begrüßung und Einführung**
Dr. Lidwina **Meyer**, Ev. Akademie Loccum

14.15 **Migration ist keine Einbahnstraße –**
Erfahrungen von Migranten und Migrantinnen
Bekim **Xhafa**, CEO GmbH, Kosovo und Deutschland
Alishah **Paenda**, Consultant, Deutschland und Afghanistan
Khaliuna **Chuluunbaatar**, Studentin, Deutschland und Mongolei
Henry **Liesche**, Geschäftsführer, HARO Bau, Mazedonien und
Afghanistan
Interviewer: Klaus **Dünnhaupt**, AGEF, Berlin

15.30 Kaffee und Kuchen

16.00 **Welchen Realitätsbezug hat die Migrationspolitik?**
Dr. Steffen **Angenendt**, Stiftung Wissenschaft und Politik, Berlin
Christiane **Neuchel-Möllering**, Referatsleiterin, Ministerium für
Generationen, Familie, Frauen und Integration NRW, Düsseldorf
Dr. Karin **Lutze**, AGEF, Berlin

17.15 **Was braucht die Wirtschaft?**
Heinz **Rittmann**, Baugewerbliche Verbände (Düsseldorf)
Markus **Bottlang**, Bereichsleiter Bildung, Handwerkskammer für
Schwaben, Augsburg

18.30 Abendessen

19.30   **Die europäische Dimension: Brain durch Blue Card?**
Dr. Hans Dietrich **von Löffelholz**, Bundesamt für Migration und
Flüchtlinge, Nürnberg
Jakob **von Weizsäcker**, Research Fellow, Bruegel (Brussels European
and Global Economic Laboratory), Brüssel
Torsten **Moritz**, Churches' Commission for Migrants in Europe, Brüssel

■   **Dienstag, 29. Januar 2008**

08.30   Einladung zur Morgenandacht, anschl. Frühstück

09.30   **Migration: Ein Entwicklungsimpuls für Herkunftsländer?**
Qualifizierung, Arbeitskräfteexport, Remittances
M. Gaus **Bashiri**, Vize-Arbeitsminister, Kabul, Afghanistan
Ahmet **Isufi**, Minister für Arbeit und Soziales a.D., Pristina, Kosovo
Battunur **Yondon**, Kultur Attaché, Botschaft der Mongolei, Berlin

11.15   Kaffeepause
11.30   Diskussion
12.30   Mittagessen

14.30   Arbeitsgruppen zu konkreten Fragen der Umsetzung:

AG 1   **Was heißt Beschäftigungsfähigkeit und Beschäftigungs-**
förderung im Gast- und im Herkunftsland?
Impuls: Bedri **Xhafa**, Geschäftsführer, APPK, Pristina, Kosovo
Moderation: Dr. Hermann **Schönmeier**, AGEF-Saar

AG 2   **Wie nutzt man Remittances und Fonds für die Entwicklung?**
Impulse: Dr. Cerstin **Sander**, Kreditanstalt für Wiederaufbau, Frank-
furt/M., und Elizabeth **Holmes**, Frankfurt School of Finance and
Management, Frankfurt/M.
Moderation: Thomas **Bänsch**, Berliner Volksbank

AG 3   Was kann unternehmerisches Handeln bewirken?
Impuls: Henry **Liesche**, Kabul, Afghanistan
Bekim **Xhafa**, CEO GmbH, Kosovo und Deutschland
Moderation: Dr. Karin **Lutze**, AGEF, Berlin

**AG 4   Entsprechen die Qualifizierungsangebote dem Bedarf
des globalen Arbeitsmarktes?**
Impulse: Egon **Herzig**, Hauptabteilungsleiter, Handwerkskammer
für Schwaben, Augsburg Markus Schäfer, AGEF, Kabul
Moderation: Klaus **Dünnhaupt**, AGEF, Berlin

15.30   Kaffee und Kuchen
16.00   Fortsetzung der Arbeitsgruppen
18.30   Abendessen

20.15   **Impressionen mit Migrationshintergrund**

21.00   Ausklang auf der Galerie

■   **Mittwoch, 30. Januar 2008**

08.30   Einladung zur Morgenandacht, anschl. Frühstück

09.30   Präsentationen der Ergebnisse aus den Arbeitsgruppen

10.30   **Kohärente Migrationspolitik – eine Fata Morgana?**
Podiumsdiskussion unter Bezug auf die Arbeitsergebnisse
Gabriele **Groneberg**, MdB, SPD, Ausschuss für wirtschaftliche
Zusammenarbeit
Dr. Reinhold **Hemker**, SPD, MdB, Tourismusausschuss
Bernd **Dunnzlaff**, BMZ, Referatsleiter Bund-Länder, Exportkreditgaran-
tien, Migration, Reintegration und CIM

171

Dr. Ralf **Geisler**, Evangelische Kirche Deutschlands (EKD), Hannover

Sanela **Sabanovic**, Deutsches Rotes Kreuz, Generalsekretariat, Berlin

Dr. Cerstin **Sander**, Kreditanstalt für Wiederaufbau, Frankfurt/M.

11.30 Statements, Nachfragen, Rückfragen aus Plenum

12.30 Ende der Tagung mit dem Mittagessen

Teilnehmerinnen und Teilnehmer

Angenendt, Steffen, Dr. phil.,Stiftung Wissenschaft und Politik, Deutsches Institut für Intern. Politik und Sicherheit, Berlin

Bänsch, Thomas, Berliner Volksbank, Mahlow

Bashiri, M. Gaus, Vize-Arbeitsminister Kabul, Arbeitsministerium Islamische Republik Afghanistan

Bastiaens, Frans, HIT Foundation, ZG Baexem

Bent, Gesa, Studentin,

Berlich de Arroyo, Susanne, Bildungsreferentin, Hildesheim

Blettner, Annette, Journalistin, AGEF Jordan

Bottlang, Markus, Handwerkskammer für Schwaben, Augsburg

Bremermann, Ulrike, Juristin, Oberregierungsrärin, Bundesamt für Migration und Flüchtlinge, Bremen

Buerschaper, Vera, Tagungssekretariat, AGEF ggmbH, Berlin

Bührer, Franziska, Deutsche Gesellschaft für Technische Zusammenarbeit (GTZ) GmbH, Eschborn

Chuluunbaatar, Khaliuna, Mongolische Studentin, Universität Hannover, Hannover

Colberg, Rosemarie, Handwerkskammer Hannover, Hannover

Dierks, Klaus-Peter, Geschäftsführer, Grone Bildungszentrum für Gesundheits- und Sozialberufe, Hamburg

Dünnhaupt, Klaus, Geschäftsführer, AGEF ggmbH, Berlin

Dunnzlaff, Bernd, Bundesministerium für wirtschaftliche Zusammenarbeit, Referatsleiter Bund-Länder, Exportkreditgarantien, Migration, Reintegration und CIM, Berlin

Eisenbraun, Andrea, Bonn

Engelbrecht, Julia, Studentin, Bremen

Erdle, Andrea, Deutsche Gesellschaft für Technische Zusammenarbeit (GTZ) GmBH, Eschborn

Ficker, Rudolf, Dr., Evangelischer Entwicklungsdienst, Bonn

Fischer, Clara, Frau, WHK, Bonn international Center for Conversion (BICC), Bonn

Galbaatar, Tuvdendorj, Dr., Botschafter, Botschaft der Mongolei, Berlin

Geisler, Ralf, Dr., EKD Evangelische Kirche Deutschland, Hannover

Gerdes, Ruth, ZAAB OL Außenstelle Bramsche, Bramsche

Glaser, Sylvia, Dipl.Soziologin, Landeshauptstadt München ,Sozialreferat, Amt für Wohnen und Migration - Rückkehrhilfen, München

Groneberg MdB, Gabriele, Deutscher Bundestag, Ausschuss für wirtschaftliche Zusammenarbeit, Berlin

Hemker MdB, Reinhold, Dr., Deutscher Bundestag, Berlin

Herzig, Egon, Handwerkskammer für Schwaben, Augsburg

Hofmann, Suzana, Dipl. Soziologin, Stuttgart

Höhn, Stefan, Projektarbeiter AGEF Saar, AGEF Saarbrücken

Holmes, Elizabeth, Frankfurt School of Finance and Management, Frankfurt am Main

Hünnemeyer, Anne, Dr., KfW Development Bank, Development Economic Policy Department, Frankfurt/Main

Isufi, Ahmet, AGEF

Karsai, Mirwais, Liaison Officer Kabul

Kaudelka, Karin, Dr., Bundesanstalt für Arbeitsschutz und Arbeitsmedizin, Dortmund

Ketterle, Matthias, Bonn

Kirchhoff, Gudrun, Soziologin, Schader-Stiftung, Darmstadt

Koch, Eckhart, Dr., Starnberg

Kourukmas, Petra, Bonn

Lange, Ingrid, Bürgermeisterin LH Hannover, Hannover

Lehmann, Maria, Betreuerin, ZAAB OL Außenstelle Bramsche, Bramsche

Liesche, Henry, Tetowo, Kabul

Loeffelholz, Hans-Dietrich von, Dr., BAMF Bundesamt für Migration und Flüchtlinge, Nürnberg

Löser, Antje, Sachgebietsleiterin Asien, AGEF gGmbH Berlin, Berlin

Lutze, Karin, Dr., Stellv. Geschäftsführerin, AGEF gGmbH, Berlin

Meyer, Lidwina, Dr., Studienleiterin, Evangelische Akademie Loccum, Rehburg-Loccum

Moritz, Torsten, Project Secretary, Churches' Commission for Migrants in Europe (CCME), Brussels

Neuchel-Möllering, Christiane, Referatsleiterin im MGFFI NRW, Ministerium für Generationen, Familie, Frauen und Integration NRW, Düsseldorf

Oosterbeek, Pieter Paul, Regional Director, AGEF-MECA, AGEF Jordan

Paenda, Alischah, AGEF Afghanistan, Kabul

Preiß, Hans Joachim, Verwaltungsjurist, Hessisches Ministerium des Innern und für Sport, Wiesbaden

Pritzkuleit, Klaus, Geschäftsführer, Diakonische Arbeitsgemeinschaft evangelischer Kirchen, Berlin

Rittel, Claudia Isabel, Journalistin, Entwicklung und Zusammenarbeit Frankfurter Societät, Frankfurt/Main

Rittmann, Heinz, Baugewerbeverband Nordrhein, Düsseldorf

Sabanovic, Sanela, Deutsches Rotes Kreuz, Berlin

Sander, Cerstin, Kreditanstalt für Wiederaufbau, Frankfurt am Main

Schäfer, Markus, Sömmerda

Schönmeier, Hermann, Dr., AGEF Saar / Koordination SEPA, Saarbrücken

Schraml, Sigrid, Referentin, Zentralkomitee der deutschen Katholiken, Bonn

Siegert, Andreas, Student, Alberstedt

Stammermann, Rainer, Betreuer, ZAAB OL Außenstelle Bramsche, Bramsche

Statz, Albert, Dr., Regierungsdirektor a.D., Berlin

Steenhuisen, Frank, Centraal Orgaan opvang Asielzoekers (COA), ME Rijswijk

Thormann, Anne, Studentin, Utrecht

Veelbehr, Engelbert, Dipl.Ing.agr, InWent gGmbH, Bonn

Verlee, Peter, Centraal Orgaan opvang Asielzoekers (COA), ME Rijswijk

Weizsäcker, Jakob von, Brussels European and Global Economic Laboratory (Bruegel), Brüssel

Wepler, Nena, Referentenbetreuung, AGEF gGmbH, Berlin

Wilke, Margot, Coppenbrügge

Wilkens, Ingrid, Dr., Institut für Sozialarbeit und Sozialpädagogik e.V., Frankfurt

Xhafa, Bedri, Geschäftsführer, APPK-AGEF-DAWIDAK, Pristina

Xhafa, Bekim, CEO, Pristina/Kosovo (UNMIK)

Yondon, Battunur, Botschaft der Mongolei, Berlin

Zwart, Bert de, Centraal Orgaan opvang Asielzoekers (COA), ME Rijswijk

Zwinger, Iwan, Kraftfahrer und techn. Hilfskraft, AGEF gGmBH Berlin, Berlin

EVANGELISCHE AKADEMIE ✳ LOCCUM

Loccumer Protokolle

Ausgewählte Tagungsdokumentationen der Evangelischen Akademie Loccum aus der Reihe „Loccumer Protokolle". Eine vollständige Auflistung der lieferbaren Veröffentlichungen finden Sie im Internet unter *www.loccum.de* oder wird auf Anfrage verschickt. Bestellungen bitte unter Angabe der Protokollnummer entweder im Internet oder über den Buchhandel oder direkt an:

Evangelische Akademie Loccum
Protokollstelle
Postfach 2158
31545 Rehburg-Loccum
Telefon: 05766/81-119; Telefax: 05766/81-900
E-Mail: Protokoll.eal@evlka.de

11/06 Ein Jahr Zuwanderungsgesetz.
Flüchtlingsschutz, humanitärer Aufenthalt und die Rechte
irregulärer Migranten
Hrsg. v. Ellen Ueberschär und Lidwina Meyer, Rehburg-Loccum 2007,
ISBN 978-3-8172-1106-7, 288 Seiten, 14,00 EUR.

50/05 Wonach richten wir (uns) denn wirklich?
Recht und Gesetz in jüdisch-christlich-muslimischer Perspektive.
5. Interreligiöse Sommeruniversität
Hrsg. v. Lidwina Meyer, Rehburg-Loccum 2007,
ISBN 978-3-8172-5005-9, 232 Seiten, 12,00 EUR.

17/05 Recht, Religion, Politik.
Auf dem Weg zu einer Anerkennung des Islam in Deutschland
Hrsg. v. Lidwina Meyer, Rehburg-Loccum 2007,
ISBN 978-3-8172-1705-2, 352 Seiten, 14,00 EUR.

05/04 Religionen in der Stadt.
Chancen für das urbane Zusammenleben
Hrsg. v. Lidwina Meyer, Rehburg-Loccum 2006,
ISBN 978-3-8172-0504-2, 180 Seiten, 12,00 EUR.

42/03 Mit oder ohne Papiere –
Rechtliche Perspektiven für Flüchtlinge ohne Konventionsschutz
Hrsg. v. Sigrid Ebritsch und Wolfgang Vögele, Rehburg-Loccum 2004,
ISBN 978-3-8172-4203-0, 152 Seiten, 12,00 EUR.

28/03 Wie kann Gestern morgen besser werden?
Jüdisch-christlich-muslimische Geschichte(n).
4. Interreligiöse Sommeruniversität
Hrsg. v. Lidwina Meyer, Rehburg-Loccum 2005,
ISBN 978-3-8172-2803-4, 304 Seiten, 14,00 EUR.

75/01 Fluchtgründe vermitteln und verstehen –
strukturelle, soziale und kulturelle Einflüsse auf das Asylverfahren
Hrsg. v. Sigrid Ebritsch und Wolfgang Vögele, Rehburg-Loccum 2002,
ISBN 978-3-8172-7501-4, 104 Seiten, 9,00 EUR.